資産形成のキホン

ぽんちよ
Ponchiyo

ビーパブリッシング

はじめに

資産運用という単語をよく聞くようになりましたが、そもそも運用するためには資産を所有している必要があります。

テレビ、ラジオ、新聞やインターネットにおいて、株式や不動産といった投資関連の情報がよく流れていますが、その土台の部分まで触れられているものは少ないようです。

株式投資や不動産投資といったものは、資産形成のための一手段に過ぎず、資産形成という視点から見れば、広いカテゴリーの中にある資産運用方法の一つです。

あなたが生きていくうえで必要になる資金を、どれだけ効率的、安定的に増やしていくか。

それが広い意味での資産形成であり、本書のメインテーマでもあります。資産形成の方策は多数ありますが、意識して情報をピックアップしていかなければ、気付かず通り過ぎてしまう小さな標識のようなものばかりです。

日常生活のなかで、小さな事柄を資産形成という視点から検証してみてみるとどうなるでしょうか。簡単にいうと「**お金の支出を減らし、収入を増やす**」ということです。

節約術とされているいろいろなテクニックを、生活のすべてのシーンに当てはめていけば、出ていくお金が減り、結果として自由になる資金が増えます。

ポイントを効率的に貯めるポイ活や副業、アルバイトなど、資金を増やす方法は探していけば多くのやり方があります。ガス、電気などの光熱費から保険の見直し、携帯料金などの月々支払っている様々なサービスの見直しも加えれば、支出の額を大きく減らすことが可能です。

節約というと、大きなお金として戻って来ない小さな努力のように思われるかもしれませんが、それは資産形成の第一歩であり、ここを軽んじてしまうと次のステップに進みづらくなります。

節約を工夫したり、生活においての支出を見直すことによって手持ちの資金が増えれば、投資という手段に目が向くでしょうし、さらには節税にも目が向くようになるはずです。

こうした包括的なお金の見直しは、資産形成において重要なポイントです。投資や貯蓄、様々なマネーハックを個別に見てしまいがちですが、支出を減らして収入を増やすためのすべての手段を一連の行動として捉えてみてください。

この書籍は、これから資産形成を始めたいという人たちに向けて、世の中で知っておくべきルール・制度はどんなものなのかを包括的に学ぶことができる本になっています。

日本の経済状況は、今後の見通しを含めて希望が持てる状態とは言い難く、安定した将来のためには、個々人が何らかの自己防衛策を持つ必要があります。

どんなに貯蓄を頑張っても、ただお金を銀行に預けているだけでは、インフレによる物価高騰でお金の価値が下がり、実質的に預金額が目減りすることになります。老後の資金を考慮しても、資産形成は重要な自己防衛策だと私は確信しています。

本書を参考にして頂き、資産運用につなげるための資産形成の一歩を踏み出してください。

ぽんちよ

本書を読んで頂いた読者の方限定
スペシャル特典！

下記QRコードより
限定配信動画を見ることができます！
↓ ↓ ↓

はじめて資産形成を取り組む人に向けて、ぽんちよからのメッセージを動画に込めました！
私自身がどんな風に資産形成に取り組んできたか、実際１億円の資産を築いた今、当時の自分に伝えたいことを、動画で話しています！

目次

第1章

人生100年時代の今だからこそ知っておきたい

資産形成のいろは

第2章

お金を貯める・稼ぐ方法を紹介

投資資金を用意するには？

第3章

あなたも投資家になろう!

ゼロから始める投資入門ガイド

第4章

何からすればいいか分からない! という方へ

おすすめの初級投資法

第5章 投資の注意点

初心者なら必ず知っておきたい

第1章

人生100年時代の
今だからこそ知っておきたい

資産形成のいろは

資産はあなたの人生を豊かにしてくれるサポーター

私たちの人生は、様々な目標や夢、そしてそれらを叶えるための挑戦で満ちています。自己啓発、子供の教育、新居の購入、結婚、旅行など、これらの人生の目標を達成するためにはしっかりとした資産形成が必要です。

さらに、平均寿命が延びている現代において、安心して老後を迎えるための生活資金確保、そして経済状況の変動に対するインフレ対策も重要です。そういった意味で、資産はまさにあなたの人生を豊かにするための重要なサポーターと言えます。

これらの目標達成や生活資金の確保、経済状況への対応力を強化するために、資産形成の重要性を理解し、今からでも着実にステップを踏んでいきましょう。

このように資産形成によって、目標達成や老後の生活資金の確保、そしてインフレなどの経済状況への対応力を強化できます。資産形成が具体的にどのように役立つのか、それぞれ見ていきましょう。

◉資産形成の意義1．目標達成

私たちは日々、さまざまな目標を立て、それを達成するために努力しています。それらは**自己啓発のための教育を受けることや、子供の教育、家の購入、結婚、旅行など、人生のさまざまなフェーズで設定されるもので、一つひとつが我々の人生を豊かにしていきます。**

しかし、これらの目標を達成するには、大抵の場合、一定の資金が必要となります。したがって、人生の目標を達成するためには、資産形成が欠かせません。

自己啓発のための教育という目標を例に考えてみましょう。新しいスキルを学ぶためのコースやプログラムには、多くの場合、参加費が必要です。

あるいは、ビジネススクールや大学院に進学するという目標も同様に、大きな費用が伴います。

これらの教育機会を得るためには、教育資金の一部あるいは全部を自己資金で賄う能力が必要となります。

このような投資は、キャリアアップや収入増加につながる可能性があるため、長期的な視点で見れば非常に価値のあるものです。

また、子供の教育費は、家庭の中でも大きな支出項目となります。特に、子供が大学に進学すると、学費だけでなく、住居費や生活費など、多くのコストが発生します。これらの教育費を賄うためにも、資産形成が必要となります。

住宅の購入や結婚、そしてそれに伴う生活の安定は、多くの人が抱く人生の大きな目標です。これらの目標を達成するには、しっかりとした資金計画とそれに伴う資産形成が必要となります。

旅行や趣味に関連する目標も同様です。新しい場所を訪れ、新しい体験をすることは、私たちの人生を豊かにし、私たち自身を成長させます。

しかし、これらの活動には費用がかかります。資産形成を通じて適切な旅行費用を確保することで、生活の質を向上させることが可能となります。

これらすべての例から分かるように、資産形成は人生の各段階で立てた目標を達成するために不可欠な要素です。**資産形成は単に貯金することだけではなく、あなたが何を達成したいか、どのようなライフスタイルを望んでいるかに基づいた計画的な行動を意味します。**

あなたの人生がどうであれ、資産形成はその実現に向けての最初の一歩となるでしょう。

◉資産形成の意義2．老後の生活資金確保

私たちは人生の一大イベント、すなわち「老後」を迎えるためにも資産形成の重要性を理解しなければなりません。平均寿命が伸びている今日、人々は従来よりも長い期間、安定した生活を維持するための資金を確保する必要があります。

ただし、**長生きするということは、それだけ収入が途絶えた後の生活を賄うための資金が必要となる**、ということです。これは一見すると困難に思えるかもしれませんが、適切な資産形成の戦略を用いれば十分に可能です。

まず、資産形成における第一歩は、定年後の生活費の予測です。これは、現在の生活費、希望する生活スタイル、健康状態など、さまざまな要素を考慮に入れて算出します。

その後、予想される年金収入や貯蓄、投資等からの収益を差し引き、必要な貯蓄額を計算します。

この計算が終わったら、次に考慮すべきは資産をどのように形成するか、ということです。普通預金だけでは金利がほとんどつかず、資産の価値を保つどころかインフレによって価値が下がってしまう可能性があります。

そのため、資産運用を通じて、積み立てた資産が働いてくれるような仕組みを作ることが求められます。その選択肢としては、株式投資や債券、投資信託、不動産投資などがあります。

ただし、すべての投資にはリスクが伴います。ですから、自分のリスク許容度や投資知識、投資期間などを考慮して、適切な投資先を選ぶことが重要です。また、老後の生活資金を考える上では、一時的なリターンを追求するのではなく、安定したリターンを期待できるような投資を選ぶことが重要です。

貯蓄の方法については第2章、投資の種類や特徴、それぞれのリスクについては第3章で詳しく解説します。

これらの要素を踏まえ、適切な資産形成と投資戦略を立てることで、平均寿命が伸びている今の時代でも、自分の人生を安心して過ごせるような老後の生活資金を確保することが可能となります。資産形成は、まさに私たちの長い人生を支える大切なパートナーなのです。

●資産形成の意義3．インフレ対策

私たちが価値ある生活を送る上で忘れてはならないのが、インフレという現象とその対策です。**インフレは、一般的に物価が上昇し、通貨の購買力が低下する状況を指します。**これは、我々の生活に多大な影響を与えるため、適切な資産形成によるインフレ対策が必要となるのです。

インフレが進行すると、同じ額の収入でも生活必需品の購入力が低下します。

例えば、ある年に100円で買えた商品が次の年には102円になったとします。これがインフレ率２％ということになります。

ただ、その一方で、あなたの収入が同じ1年間で２％増加しなければ、生活水準を維持するのが難しくなります。このように、インフレは私たちの生活に対して現実的な脅威を持っています。

この問題に対する1つの解決策は、適切な資産形成を行い、その資産がインフレ率以上に成長するようにすることです。

仮に銀行の預金金利が0・1％で、インフレ率が２％だった場合、預金だけで生活していると実質的に購買力が減ってしまいます。

しかし、投資により年間４％のリターンを得られるようにすると、インフレを上回る収益を得ることが可能となります。

インフレと資産運用の利回りは私たちの財務計画に大きな影響を与えます。

例えば、あなたが年間2％のインフレと4％の資産運用利回りを得ている場合を考えてみましょう。この状況下では、実際の資産増加率は2％（4％の利回り－2％のインフレ）となります。

つまり、あなたの資産は毎年実質的に2％増加しているということになります。

しかし、資産運用をせずに銀行預金に頼っている場合、預金金利が0・1％であると仮定すると、毎年1・9％（2％のインフレ－0・1％の預金金利）の実質的な資産の減少が発生します。これは、購買力がインフレの影響を受けて毎年低下していくことを意味します。

これらの差は、時間の経過とともに大きな差となります。例えば、10年後の差は下の表の通りです。

この結果から、資産運用を行った場合と何もしない場合では、10年経過後には約39・6万円の資産に差が生じることが分かります。

このように、インフレと資産運用の利回りの違いは、長期的な資産形成に大きな影響を与えます。したがって、資産形成のためには、適切な資産運用を行い、インフレを上回る利回りを得ることが重要です。

年数	資産運用をした場合（プラス2％）	何もしない場合（マイナス1.9％）	差額
1年	102万円	98.1万円	3.9万円
5年	104万円	90.5万円	13.5万円
10年	121.9万円	82.3万円	39.6万円

※初期投資金額は100万円と仮定

資産形成って何からすればいい？ 3つの要素

資産形成を始めるためには、以下の3つの要素が必要となります。

1つ目は「収入を増やす」ことです。

収入源を増やすためには、副業やビジネスの創業など、新たな収入の道を模索することが求められます。それにより、より多くの資金を資産形成に振り向けることが可能となります。

2つ目は「支出を減らす」ことです。

生活費を抑えるためには、家計簿をつける、無駄遣いを減らすなどの節約術を身につけることが重要です。その結果、節約したお金を資産形成に投資することができます。

最後に、「資産運用をする」ことが求められます。

資金を効率的に成長させるためには、株式投資、債券投資、不動産投資など、適切な投資手段を選び、資産を増やすことが必要です。

これらの3つの要素を組み合わせて行うことで、効果的な資産形成が可能となります。

◉1．収入を増やす

資産形成のための1つの大きな要素として「収入を増やす」が挙げられます。収入が増えれば、その分余裕資金が増え、それをさらなる資産形成に活用することが可能になります。

しかし、収入を増やすというのは容易なことではありません。では、具体的にどのような方法があるのでしょうか。

まず1つ目の方法としては、自分のスキルや能力を高めることにより収入を増やす方法が考えられます。スキルアップや資格取得を通じて、現在の職場で昇進・昇給を目指すか、またはスキルを活かした新たな仕事を見つけることができます。

このように自己投資を行うことで、自分自身を「価値ある資産」として育て上げることが可能です。

2つ目の方法としては、副業に取り組むことです。現在ではインターネットを通じて、様々な副業が可能となり、時間や場所を選ばずに働くことができます。

例えば、自分の専門知識を活かしたフリーランスの仕事、または株式投資や不動産投資などの金融商品による投資などが考えられます。

ただし、副業には自分の主たる仕事やプライベートとのバランスを考慮することが大切であるとともに、リスクも伴いますので、事前の学習や準備が必要です。

最後に、自身のビジネスを立ち上げるという選択肢もあります。自分だけのビジネスを立ち上げれば、収入の上限は自分次第となります。
しかし、ビジネスの立ち上げには資金や時間、またそれに対するリスクも必要となります。そのため、自分が何に興味を持ち、それをどのようにビジネスとして展開するのかを考え、計画を立てることが大切です。

いずれの方法も、収入を増やすためには努力と時間が必要です。しかし、その努力は資産形成に直結し、あなたの人生をより豊かにすることでしょう。一歩ずつ、自分に合った方法で収入を増やし、資産形成につなげていきましょう。

この中で最もハードルが低いのは2つ目の副業で、第2章で詳しく解説します。

●2. 支出を減らす

資産形成のためのもう1つの大切な要素は、「支出を減らす」ことです。支出を減らせば、それだけ余剰資金が増え、これを投資や貯蓄に回すことができます。

しかし、単純に生活を切り詰めるだけではストレスが溜まり、結果的には持続が困難となる可能性もあります。では、具体的にどのように支出を減らすことができるのでしょうか。

まず、自分の支出を把握することが大切です。日々の生活の中で、何にどれだけのお金を使っているのかを知ることで、無駄な支出を見つけ出すことができます。

モバイルアプリやスプレッドシートを活用して収入と支出を管理しましょう。その上で、大きな支出項目を見直すことが有効です。例えば、住居費、食費、交通費などは見直すことで大きな節約効果が期待できます。

次に、節約のためのライフハックを取り入れることも有効です。例えば、自炊をする、定期的に保険を見直す、節電・節水をするなど、日々の生活において無理なく取り組むことができる節約法は数多く存在します。

自分の生活スタイルに合った節約方法を見つけ、実践しましょう。

また、クレジットカードのポイントやキャッシュバックを活用することもおすすめです。日々の生活で発生する支出をクレジットカードで決済することでポイントが貯まり、そのポイントを活用することで実質的な支出を減らすことが可能です。ただし、クレジットカードの利用は計画的に行うことが大切であり、無計画な利用は借金を生む原因となり得ますので注意が必要です。

最後に、自分自身の価値観を見直すことも大切です。物欲や贅沢に走る前に、本当に必要なものは何か、自分の幸せは何によって成り立っているのかを見直すことで、無駄な支出を抑えることができます。

「支出を減らす」ことは「節約」だけではなく、「自分の生活を見直し、より豊かな人生を送るための一歩でもあります。日々の小さな節約から始めて、着実に資産形成につなげていきましょう。

節約術については第2章で詳しく解説します。

◉3. 資産運用をする

資産形成の最終的なステップとして「資産運用」があります。資産運用とは、自分の資金を働かせて増やすことです。これには様々な方法がありますが、その中でも特に重要なのは、節約や収入増加で得た余剰資金を賢く活用することです。

最初に知っておくべきは、資産運用の目的です。資産運用を始める前に、自分が何を目指しているのか明確にしましょう。教育資金、住宅購入資金、老後資金、旅行資金など、達成したい目標によって適した運用方法は異なります。

次に、リスクとリターンのバランスを理解することが重要です。一般に、リターン(利益)が高い投資はリスクも高い傾向があります。自分がどの程度のリスクを取れるか、また、どの程度のリターンを目指すかによって、投資先や運用方法が変わってきます。

リスクとリターンの関係を理解し、自分自身のリスク許容度に合わせた投資先を選びましょう。

また、資産運用においては分散投資の重要性も理解しておくべきです。1つの投資先に資金を集中させると、その投資先が失敗した時に大きな損失を被る可能性があります。しかし、複数の投資先に分散して投資することで、そのリスクを軽減することが可能です。株式、債券、不動産、金、仮想通貨など、複数の資産クラスに資金を分散させることを考えましょう。

さらに、長期投資の重要性も忘れてはなりません。株価や不動産価格は短期間で大きく変動することがありますが、長期的に見ると一定の収益を期待することができます。また、長期投資を行うことで複利効果を享受することも可能となります。

最後に、定期的にポートフォリオ（資産配分）の見直しを行うことが必要です。市場環境や自身のライフステージ、目標等が変化することで、最適なポートフォリオも変化します。定期的な見直しにより、常に自身の目標に最適な運用ができるようにしましょう。

投資のリスクとリターンや長期投資の重要性については、第4章以降で解説しています。

「資産運用をする」とは、自分の資産を最大限に活用し、自分自身の生活を豊かにすることを意味します。適切な知識と戦略を持って取り組むことで、あなたの資産はさらに大きな力となり、あなたの人生を支える存在になります。

また、分散投資については第2章、長期投資については第4章で詳しく解説します。

◉支出を減らすのが一番の近道

「収入を増やす」「支出を減らす」「資産運用する」これらはすべて資産形成の鍵となる要素ですが、これらの中で**最も短期間で結果を実現しやすいのが「支出を減らす」こと**です。なぜなら、**支出の削減は自己の意志と日々の行動に直結しているから**です。

まず、「収入を増やす」ことについて考えてみましょう。収入を増やすための方法はいくつかあります。新たなスキルを学んで市場価値を上げる、副業を始める、自己投資で自分自身をブランド化するなどが考えられます。しかし、これらは時間とエネルギーを大いに必要とし、なかなか短期間で結果を得ることは難しいでしょう。

次に、「資産運用する」ことについて見てみましょう。投資は長期的に見ると収入を増やす効果的な方法です。しかし、投資を行うためには基本的な知識と理解、そして元手となる資金が必要です。

初心者が投資を始めるとき、リスクを適切に管理しながら利益を上げるためには、しっかりとした準備と知識が必要となります。それゆえに、投資は短期間での効果を期待するものではありません。

一方、「支出を減らす」ことは、すぐに実践でき、直接的に結果を出すことができます。自分の生活習慣を見直し、不要な出費を削減するだけで、すぐに結果が現れます。

また、支出を抑えることは、資金を確保し、投資の元手を準備する基盤となります。

例えば、ランチに毎日５００円節約したとします。それが1年間続くと、約18万円の節約につながります。これが投資の元手となり、将来的にはより大きな利益を生む可能性があります。

このように、「支出を減らす」ことは、自分の行動1つで始められ、すぐに結果が出るからこそ、資産形成の初期ステップとして非常に効果的なのです。

第2章

投資資金を用意するには?

お金を貯める・稼ぐ方法を紹介

そもそも投資資金はいくらあればいいの？

投資を始めるための初期資金について、一概に「これだけ必要」と断定することは困難です。なぜなら、それはあなたのライフスタイル、年齢、そして目標によって大きく異なるからです。しかし、それぞれの要素がどのように影響するのかを理解することで、自分にとって適切な投資資金を見つける手助けになるでしょう。

まず、ライフスタイルについて考えてみましょう。生活水準、生活費、余裕資金等が異なれば、投資にまわせる額も変わってきます。

例えば、都市部で高額な家賃を払っている人と、地方で一戸建てに住んでいる人では、余裕資金の量は大きく違うでしょう。また、子供の教育費や医療費など、家庭の状況による出費も大きく影響します。

これらを把握し、毎月どの程度投資に回せるのかを試算することが大切です。

次に、年齢が投資に与える影響を見てみましょう。若い世代は時間という強力な味方を持っています。そのため、一見小さな額でも長期間にわたって投資を続けることで、複利の力により大きな利益を生むことが可能です。

しかし、年配の世代はリスク許容度が低くなる傾向があり、投資を始める際には安定した資産を確保したいと思うかもしれません。そのため、年齢によって投資のスタートラインは変わるのです。

最後に、目標が重要となります。目標とは、将来的に何を達成したいのか、または何を手に入れたいのかを具体的にするものです。

例えば、子供の大学教育費を準備したい、定年後の生活費を確保したい、自宅を購入したいなど、目標は人それぞれです。目標によって必要な資金や達成までの時間が変わり、それによって投資するべき金額も異なります。

まとめると、投資に必要な資金はライフスタイル、年齢、そして目標によって大きく左右されます。投資はギャンブルではなく、計画的な資産形成の一部です。**まずは自分のライフスタイルを評価し、年齢と目標を考慮に入れた上で、無理のない範囲での投資を始めることが資産形成への第一歩となる**でしょう。

この章では、資産形成の具体的な節約術とマネーハック術を紹介していきます。

資産形成の超基本！おすすめ節約術を紹介

資産形成の一歩は節約から始まります。だからこそ、まずは資産形成の基本とも言える、おすすめの節約術を紹介します。

この節約術は、日々の生活を見直すことで無理なく続けられ、その結果、少しずつでも資産を増やすことに繋がります。さらには、無駄な出費を削減することで、資金を資産運用に回すことが可能になります。節約術の詳細については、この章で一つひとつ丁寧に説明していきます。

●1．家計簿を付ける

家計簿を付けるという節約術は、ごく単純な行為のように思えますが、それはとても強力なツールであり、資産形成において欠かせない一環です。まずは、なぜ家計簿が節約につながるのか、その理由を説明します。

家計簿を付けることでまず得られるのは、「**現状把握**」です。自分が1ヶ月にどれだけの収入を得て、それを何にどれだけ使っているのか。意外とこの具体的な数字は把握していないものです。しかし、この数字を把握することで自分の生活スタイルが浮き彫りになります。例えば、無駄遣いが目立つ場合や、必要経費が思った以上にかかっている場合など、具体的な数字を見ることで自分のお金の使い方が明確になります。

次に、家計簿を付けることで「**意識的なお金の使い方**」が可能になります。現状把握ができることで、何にどれだけのお金を使うべきか、また、どこを節約すればいいかが見えてきます。それによって、自分のライフスタイルに合った適切な予算を設定することができます。そして、その予算を基にした意識的なお金の使い方を行うことで、節約に繋がります。

さらに、家計簿を付けることで**「未来の計画」**が立てやすくなります。具体的な数字を元に予算を作ることで、将来的にどれだけの資金が必要で、それをどのくらいの期間で貯められるのかを見積もることができます。

その結果、自分の目標に向けてどれだけ資産形成をすべきかが明確になり、より具体的な資産形成計画を立てることができます。

家計簿を付けることは、自分のお金についての理解を深め、お金の流れを把握することで、より効率的な資産形成を実現するための重要なステップです。

もちろん、家計簿を毎日つけることは時間と労力がかかりますが、その労力は自分自身の未来への投資だと考えると、違った意味での資産形成と言えるでしょう。

◉2．自炊する

自炊をすることは、資産形成における重要な節約術の1つです。なぜなら、自炊は食費を大幅に節約するだけでなく、健康的な生活を送るための基盤を作り出すからです。以下にその詳細について述べます。

まず、自炊をすることによる最大のメリットは、食費の節約です。外食やテイクアウト、デリバリーなどは便利で美味しいものですが、それらは高額なコストが付きものです。それに比べ、自宅で料理を作れば、食材のコストは大幅に抑えられ、その分を貯金や投資に回すことができます。

また、自炊は自身の健康を維持する上でも役立ちます。外食やインスタント食品は塩分や脂質が多く、糖質の量もコントロールが難しいため、過剰摂取が健康に悪影響を及ぼす可能性があります。それに対し、自炊すれば食材の質や量、調理方法を自分で選ぶことができ、自身の健康状態に合わせた食事を摂取することが可能です。健康維持は長期的な資産形成にも影響します。病気になって治療費を払うことなく、その分を貯金や投資に回すことができます。

さらに、自炊は新たなスキルの習得にも繋がります。調理方法や食材の選び方、味付けなど、料理にはさまざまな知識と技術が求められます。これらを学ぶことで、新たな能力を身につけることができ、自身の人生にプラスになるでしょう。

たしかに自炊をすることには時間と労力が必要となります。忙しい日々の中で毎日料理をするのは難しい場合もあるでしょう。

しかし、週末にまとめて調理をしたり、シンプルなレシピを探すなど工夫すれば、自炊は決して困難なことではありません。それによって得られる経済的な節約と健康へのメリットを考えれば、その労力は十分に報われるものと言えるでしょう。

以上から、自炊は資産形成を目指す上での有効な節約術であると言えます。自炊による食費の節約、健康維持、新たなスキルの習得は、自分自身の価値を高める重要な投資です。

◉3．割引やクーポンを活用する

割引やクーポンの利用は、効果的な節約術となり得ます。日常生活のあらゆる面で適用可能で、購入予定の製品やサービスを通常価格よりも低い価格で手に入れることができます。
その結果、節約した分を貯金や投資に向けることができます。以下では、割引やクーポンの探し方、そして最大限に活用するためのポイントを詳しく解説します。

割引やクーポンを見つける最初のステップは、どのような媒体で提供されているかを知ることです。多くの企業は顧客獲得や販売促進のために、様々な割引やクーポンを提供しています。新聞の折込広告、雑誌、企業の公式ウェブサイト、SNS、メールニュースレターなどがそれらの提供媒体です。

さらに、クーポン専用のアプリやウェブサイトも存在し、これらの利用も有効です。

割引やクーポンを活用する上で重要なポイントは、「**計画的に利用する**」ことです。不要なものを割引やクーポンがあるからといって購入してしまうのではなく、必要なものをあらかじめリストアップし、それに合致する割引やクーポンを探すことが大切です。これにより無駄な出費を抑えることができます。

また、割引やクーポンの利用期限を見落とさないことも重要です。期限が過ぎてしまったものは価値がなくなってしまいますので、購入計画と共に期限管理も怠らないようにしましょう。

さらに、割引やクーポンはただ節約するだけではなく、生活の質を向上させるための道具でもあります。高額で普段は手が出ない商品やサービスを、割引やクーポンによって手頃な価格で手に入れることができます。

資産形成の一環として、割引やクーポンの活用は優れた節約術となります。計画的な利用、期限管理、必要なものだけの購入を心がけることで、生活費を抑えつつ豊かな生活を実現することができます。

●4．不必要なサブスクリプションをキャンセル

「不必要なサブスクリプションをキャンセルする」ことは、資産形成において重要な節約術と

なります。サブスクリプションという形態のサービスは現代社会において一般的となり、音楽配信、映像コンテンツ、デジタル新聞、クラウドストレージ等、多岐にわたる分野で利用されています。

しかし、サブスクリプションは便利さと引き換えに継続的な支払いを要求します。その金額が一つひとつでは小さくても、その合計は大きな出費となります。月々の支払いが何千円、何万円となってしまっていると、その額は1年を通じてみれば1ヶ月分の生活費に匹敵することもあります。

では、どのように不必要なサブスクリプションを見つけ出し、キャンセルすれば良いのでしょうか。まずはすべてのサブスクリプションサービスをリストアップします。クレジットカードの明細や銀行口座の出金履歴をチェックすると、一覧が作りやすいでしょう。

次に、そのリストの中から、実際にどれだけ利用しているのかを見直します。どのサービスを頻繁に利用しているのか、どのサービスは利用頻度が低いのかを把握することで、必要性が低いサービスを特定できます。

また、類似のサービスを複数契約している場合も、見直しの対象となります。例えば、映像配信サービスを複数契約していると、似たようなコンテンツが重複している可能性があります。そのようなケースでは、1つに絞ることで節約が可能となります。

キャンセルを決めたら、それぞれのサービスのキャンセル手続きを進めましょう。多くのサービスではオンライン上で手続きが可能です。ただし、一部のサービスでは更新期間やキャンセルに関する特別なルールがあるため、それらを確認してから進めることが重要です。

この節約術を実践することで、必要な出費を削減し、節約した資金を別の資産形成に活用することが可能となります。不必要なサブスクリプションの見直しとキャンセルは、自分の生活スタイルと財務状況にマッチした消費行動をするための一助となるでしょう。

◉5. 節電

電気料金は、生活費の中でも大きな部分を占めています。ですから、「節電をする」という節約術は、非常に有効な資産形成の手段となります。さまざまな節電方法がありますが、以下に主なものを挙げてみましょう。

・使用していない電化製品は電源を切る

テレビやパソコン、家電製品は使っていないときでもスタンバイ状態であると電力を消費し続けます。これを待機電力と言い、これが積もり積もって結果的に大きな電力消費となることがあります。この待機電力を減らすために、使わないときは電源を切る、またはコンセントからプラグを抜くといった行動を心掛けましょう。

・省エネ製品の利用

最新の家電製品は省エネルギー性能が高いものが多く、古い家電製品と比べても大幅な電力消費の削減が期待できます。

冷蔵庫やエアコンなどの大きな電化製品は特に電力消費が大きいので、ここを省エネ製品にすることで、大きな節電効果が得られます。

・冷暖房の適正使用

エアコンや暖房器具は大量の電力を消費します。そのため、適切な温度設定を心掛け、無駄な電力消費を避けることが求められます。

例えば、エアコンの温度設定は夏は28度、冬は20度を目安にするなど、節電に効果的な設定を知っておくと良いでしょう。

・電力会社を見直す

電力自由化により、電力会社を選べるようになりました。各社それぞれ料金プランが異なるため、自分のライフスタイルに合った電力会社を選ぶことで、電気料金を抑えることが可能です。

これらの節電法を日々の生活に取り入れることで、電気料金の節約はもちろん、環境への配慮にもつながります。節電は1日や1週間の行動だけで結果が出るものではなく、継続的な行動が必要です。

しかし、その積み重ねにより資産形成の一助となり、あなたの人生を豊かにすることにつながるのです。

節約に慣れたら始めたい～おすすめマネーハック術～

生活における節約術が身についたなら、次のステップへ進みましょう。それが「**マネーハック術**」です。マネーハックとは、金融知識を用いてより良い資産形成を目指すテクニックのことを指します。節約だけでなく、効率的な貯金法、ポイ活、格安ＳＩＭなど、資金の運用を最適化するための様々なテクニックが存在します。これからいくつかのおすすめのマネーハック術を紹介します。これらを取り入れることで、あなたの資産形成はさらに加速していくでしょう。

●財形貯蓄制度

資産形成の強力なパートナー、「財形貯蓄制度」をご紹介します。

財形貯蓄制度とは、労働者が自身の給与から一定額を引き立て、それを貯蓄や投資に充てるという制度です。この制度の目的は、労働者の資産形成を助け、生活の安定と向上を目指すことです。特に、以下の3つの財形貯蓄が主流となっています。

1つ目は「一般財形貯蓄」。
労働者が自分の給与から毎月一定額を引き立て、貯蓄を積み立てる制度です。これにより、長期的な資産形成を進めることが可能となります。

2つ目は「財形年金貯蓄」。
引き立てた金額を年金として積み立てることで、老後の生活資金の一部を補うための制度です。現在の生活に影響を与えずに、未来の安心を手に入れることが可能です。

最後に「財形住宅貯蓄」。
引き立てた金額を住宅購入やリフォームのための貯蓄とすることで、住宅の購入を具体的に目指す労働者を支援します。

それぞれの財形貯蓄制度は、自分のライフステージやライフプランに応じて利用することが可能です。

財形貯蓄制度は種類によりそれぞれ特徴と目的が異なりますが、いずれも労働者の資産形成を目指す手段として大変有効です。一歩進んだ資産形成を始めるために、まずは財形貯蓄制度の導入を検討しましょう。

●ポイ活

「ポイ活」とは、「**ポイント活動**」の略で、様々なサービスや商品購入時に付与されるポイントを積極的に集め、それを活用する活動のことを指します。クレジットカードや電子マネー、ポイントカードを駆使して、日常の支出につけるポイントを最大限に引き上げることで、無駄なく購買力を高めることが可能です。

具体的なポイ活の方法としては、まず日常の生活費をクレジットカードや電子マネーで支払うことです。食費や交通費、公共料金なども含め、ポイントが付くものはなるべくカード払いにしましょう。ただし、支払いを忘れず、常に残高を確認しておくことが大切です。

次に、ポイントが多く付与される特定の店舗やサービスを積極的に利用することもポイ活の基本です。各社のポイントサービスは定期的にキャンペーンを行っていますので、それらの情報をチェックして活用しましょう。

また、複数のポイントサービスを組み合わせて利用することで、さらにポイントを効率的に集めることが可能です。例えば、クレジットカードでの決済と同時に店舗独自のポイントカードを提示すれば、二重にポイントを得ることができます。

さらに、貯まったポイントの使い方にも工夫が求められます。一部のポイントは現金に換金できるものもありますし、ギフトカードに交換したり、次回のショッピングに直接活用したりできます。ポイントの価値は交換先によって大きく変わるため、どのように使うかをよく考えましょう。

しかし、ポイ活には注意点もあります。ポイントがたくさん付くからといって、本来必要でないものを買ってしまうと、結果的に無駄遣いになります。

また、クレジットカードの支払いを怠ると遅延金や利息が発生します。ポイント獲得のために自己の経済状況を見失わないように注意しましょう。

「ポイ活」は、買い物やサービスの利用を上手く活用して生活を豊かにする方法の1つです。日常生活の中で少しの工夫と努力を続けることで、驚くほどの効果が得られます。

◉格安SIM

マネーハック術の1つとして「格安SIM」の活用をおすすめします。今やスマートフォンは我々の生活に欠かせない存在となっていますが、その使用料金は毎月の支出を大きく圧迫します。そこで、通信料金を大幅に削減できる「格安SIM」の活用を考えてみましょう。

格安ＳＩＭとは、通信事業者が提供するＳＩＭカードのことで、大手キャリアと比べて月額料金が安価なことが特徴です。また、データ通信量に応じてプランを選べるため、自分の利用状況に最適なプランを選んでコストを抑えることが可能です。

まず格安ＳＩＭを使うためには、ＳＩＭフリーのスマートフォンが必要です。ＳＩＭフリーとは、特定のキャリアに縛られず、どのキャリアのＳＩＭカードも使えるスマートフォンのことを指します。現在では多くのメーカーがＳＩＭフリースマートフォンを製造しており、選びやすくなっています。

また、格安ＳＩＭは多くの通信会社から発売されており、それぞれに特色があります。通信速度、通信エリア、月額料金、付帯サービスなどを比較して、自分に最適な格安ＳＩＭを選びましょう。

例えば、データ通信がメインならデータ通信量が豊富で価格の低いＳＩＭ、電話をよく使うなら通話料が安いＳＩＭなどを選びます。

格安ＳＩＭの中には、電話番号をそのまま引き継げるＭＮＰ（モバイル・ナンバー・ポータビリティ）対応のものもあります。これにより、電話番号を変えずにキャリアを乗り換えることが可能となります。

しかしながら、格安ＳＩＭには注意点もあります。通信速度が大手キャリアよりも遅いことがありますし、通信エリアが限定的な場合もあります。

また、格安ＳＩＭはデータ通信のみを提供しているところもあり、音声通話をする場合は別途オプションをつける必要があります。これらを考慮に入れて選ぶことが重要です。

もし格安ＳＩＭへの乗り換えを検討するなら、現在のスマートフォンの契約内容をまず確認しましょう。契約期間中の解約には違約金がかかることがあります。契約期間が終了している場合や、新たにスマートフォンを購入する際には、格安ＳＩＭの選択肢を考えてみると良いでしょう。

「格安ＳＩＭ」の活用は、資産形成の一環として非常に有効です。毎月の固定費を抑えることで、その節約分を投資や貯蓄に回すことが可能となります。

◉保険の見直し

「保険の見直し」は、資産形成に対する重要なマネーハック術です。生活の変化に伴って保険の必要性も変化するため、定期的な見直しは絶対に必要です。実際、過剰な保険料が毎月の出費を圧迫している場合も少なくありません。

まず**保険の見直しを行う際には、自分自身のライフステージと保険の目的を明確にすることが重要**です。

子育て中の家庭であれば教育資金や子供の将来に対する保障、独身者であれば老後資金の確保や医療保障、そして既に子供が独立している場合は夫婦2人の生活費や老後の医療費などを保障する保険が考えられます。

次に現在加入している保険について調査しましょう。掛け捨て型の保険と積立型の保険、医療保険や生命保険など、どのような保険に加入していて、その保障内容は何か、そして毎月の保険料はいくらかを把握することが重要です。この情報を元に、現在の保険が自分のライフステージや保険の目的に適しているかどうかを確認します。

例えば、子育てが終わり教育資金の保障が不要になった場合、その分の保険料を削減して老後資金の積立に回すといった見直しを行うことができます。

また、保険の見直しは保険商品の比較も含みます。同じ保障内容でも保険会社や商品によって保険料が大きく異なることもあります。新たに加入を考えている保険商品があれば、それらと現在の保険商品とを比較検討することで、より効率的な保険設計が可能となります。

しかし、保険の見直しには注意も必要です。例えば、加齢による保険料の上昇や、健康状態の変化による新規保険加入の難しさなど、見直しによって得られるメリットだけでなく、デメリットも考慮する必要があります。

保険の見直しは、プロのアドバイスを得ることも有益です。ファイナンシャルプランナーなどの専門家に相談することで、自身のライフステージや目的に合った保険設計を行うことが可能となります。

保険の見直しを通じて、資産形成に役立つマネーハック術を行うとともに、自身と家族のライフステージに合った保障を確保することができます。

◉副業を始めて空いた時間をフル活用

「副業を始めること」は、今の生活を豊かにするための有力な手段であり、空いた時間を効率的に活用して収入を増やすことができます。特に現代はデジタル化が進んだ結果、場所や時間にとらわれず、自身のスキルや趣味を生かして働けるチャンスが広がっています。

まず、副業を始める前に自分が何を得意としているのか、何が好きなのかを明確にすることが重要です。そのスキルや知識が他人にとって価値があるかどうかを考えることで、副業のアイデアを考えることができます。例えば、ＩＴスキルを持っていれば、フリーランスのプログラマーやＷｅｂデザイナーとして働くことができます。また、特定の分野に深い知識を持っているなら、オンラインコンサルタントやブログライターとして働くことも可能です。

次に、副業に充てることができる時間とエネルギーを考えます。副業は主業と並行して行うため、仕事とプライベートのバランスを適切に保つことが大切です。自分自身のライフスタイルや体調に合わせて、無理のない範囲で副業を計画することが重要です。

さらに、副業によって得られる収入は、自己投資や貯蓄に回すことで、資産形成を加速することが可能です。自分のスキルや知識を活かし、副業を通じて得た収入は資産形成の一部となり、さらなる自己成長や人生の豊かさにつながるでしょう。

ただし、副業を始める際には、税務や労働法規、そして自身の主たる職業との契約内容など、法的な側面にも配慮する必要があります。適切な知識を持つことで、問題を未然に防ぐことが可能となります。

副業は時間とエネルギーを適切に活用することで、収入を増やし、資産形成を促進するための強力な手段となります。自分のスキルや知識を生かし、価値を提供することで、より充実した生活と資産形成を達成することができます。

◉クラウドソーシングサイト

「クラウドソーシングサイト」は、さまざまな種類の仕事を探し、自分のスキルを提供する場です。特にフリーランスや在宅勤務を望む人々にとっては、稼ぎ出すための重要なツールとなります。

まず、クラウドソーシングサイトとは何かを理解することから始めましょう。これらのサイトは、インターネットを通じて広大な人材プールにアクセスし、仕事を依頼することができるオンラインのマーケットプレイスです。企業や個人がプロジェクトや仕事を掲載し、フリーランサーがこれらの仕事に応募し、その結果として収入を得ることが可能です。

しかし、クラウドソーシングサイトを利用するには、何を提供できるのか、自分のスキルと経験をどのように売り込むかを明確にする必要があります。

また、多くのプラットフォームは評価やレビューシステムを持っており、これらはクライアントが仕事を依頼する際の重要な考慮事項となります。したがって、最初は小さなプロジェクトから始めて、徐々に評価を上げていくことが重要です。

最後に、クラウドソーシングサイトを活用する際は、自己管理能力が重要です。自分の時間とエネルギーを管理し、一貫した仕事の品質を維持する能力が求められます。また、税務や報酬の管理、さらには自分の健康とウェルビーイングについても考慮する必要があります。

クラウドソーシングサイトは、スキルと時間を活用して資産形成を推進するための有力なツールです。これらのプラットフォームを活用することで、フレキシブルに収入を増やし、同時に自己投資と自己成長を促進することができます。

◉アルバイト

「アルバイト」を活用することは、資産形成に大いに寄与することができます。しかし、単に余暇に何かをするだけでなく、適切に選択し、活用することが重要です。アルバイトを選ぶ際は注意が必要です。時間とエネルギーは限られていますので、アルバイトが主たる仕事や生活の他の重要な側面を犠牲にしないようにする必要があります。

また、選択するアルバイトは、可能な限り自分のキャリアの目標や個人的な興味に合致していることが理想的です。そうすることで、アルバイトはただ追加の収入を得る手段であるだけでなく、自己成長と自己実現のための機会となります。

また、アルバイトから得られる収入をどのように利用するかも重要です。消費にすぐに使い切らず、一部を貯蓄や投資に回すことで、長期的な資産形成につなげることができます。アルバイトから得られる収入を使って新たなスキルを学ぶための教育や訓練を受けることも、将来の収入を増加させる可能性があります。

最後に、アルバイトは一時的なものであることを理解することが重要です。それはあくまで追加の収入源であり、資産形成の一部であるべきです。あなたの時間とエネルギーを適切に管理し、アルバイトが主たる仕事や他のライフゴールに悪影響を及ぼさないようにすることが必要です。

アルバイトは適切に選択し活用すれば、資産形成に大いに役立ちます。それは追加の収入源を提供し、新しいスキルや経験を獲得するチャンスを提供します。ただし、時間とエネルギーの管理、そしてアルバイトから得られる収入の適切な使用が重要であることを忘れてはなりません。

◉スマホで手軽にできるアンケートモニターやポイントサイトを紹介

スマートフォンを使って資産形成をする手法の1つとして、アンケートモニターやポイントサイトの利用があります。これらは小さな時間の隙間を利用して手軽に少額のお金を得ることが可能で、日常生活の中で自然と取り入れられます。

アンケートモニターは、消費者の意見や生活情報を企業に提供することで、報酬を得るサービスです。種類によっては、アンケートに回答するだけでなく、商品の使用感想を書いたり、店舗でのショッピングレポートを提出したりすることもあります。報酬は現金やギフト券、ポイントなど様々で、集めたポイントは現金や商品券に交換することができます。

一方、ポイントサイトは、さまざまなアクションを通じてポイントを獲得し、それを現金や商品に交換できるサイトです。アクションはウェブサイトの閲覧、商品の購入、アンケートへの回答など、多岐にわたります。

これらの方法の魅力は、自宅にいながらにして、あるいは通勤時間や待ち時間など、1日の中でのちょっとしたスキマ時間を利用して取り組むことができる点にあります。また、専門的なスキルや特別な設備が不要で、スマートフォンさえあれば誰でも始められます。

ただし、アンケートモニターやポイントサイトから大きな収益を得ることは難しいので、これを主な収入源とするのは適切ではありません。また、利用するサイトやアプリの選び方にも注意が必要です。安全性が確認できず、個人情報が不適切に扱われる可能性があるものは避け、評判や口コミをチェックして信頼性の高いものを選びましょう。

また、ポイントサイトはユーザーの行動を通じて広告収入を得ています。そのため、無駄な買い物を促す広告に誘われないようにすることも大切です。

資産形成はコツコツと積み重ねることが大切です。アンケートモニターやポイントサイトを利用することで、普段の生活の中で少しずつお金を貯める習慣を身につけることができます。これらの手法を上手に活用し、自己の資産形成に役立てることをおすすめします。

第3章

あなたも投資家になろう！

ゼロから始める投資入門ガイド

投資とは「お金を種にして木を育てる」行為

投資というと難しく感じるかもしれませんが、一言で言えば「お金を種にして木を育てる」行為と言えます。まず、我々が投資という概念を理解するためには、この基本的な考え方を把握することが大切です。

想像してみてください。自分が農夫となり、自分の土地に種をまき、水を与え、日々世話をしていくと、やがて小さな芽が出て、それが大きな木に成長し、果実をつけることでしょう。これはまさに投資の喩えであり、お金を種に見立て、適切な投資先にそれを投じることで、その投資が成長し、結果として利益を生む、つまり「果実」を得るというプロセスを示しています。

この考え方は、投資の世界に初めて足を踏み入れる初心者でも理解しやすいモデルで、これを理解することが投資の第一歩となるでしょう。この章では、投資の基本的な考え方と代表的な投資手法を紹介していきます。

そもそも投資とは、経済の中核的な概念であり、個々人から企業、さらには国家に至るまで幅広いスケールで行われています。

しかし、その基本的な定義と意義は何でしょうか？　投資は単に金融商品や物件への出資という表面的な理解を超えて、さまざまな意義を持ちます。本稿では投資の本質を深掘りし、その真の意義を解き明かしていきます。

まず最初に、投資の基本的な定義から見てみましょう。**投資とは、将来の利益や収益を期待して、現在の資源、多くの場合はお金をある対象に注ぎ込む行為**を指します。投資の対象は様々で、株式、債券、不動産、ビジネス、教育、技術、時間など、その範囲は非常に広いです。本書では主に投資について、株式や債券といった「金融商品を購入すること」と定義します。

こうした投資は単に「お金を使う」行為とは異なります。消費行為は、お金を使って即座に何かを手に入れるものですが、投資は将来的なリターンを期待してお金を使う行為です。したがって、投資には時間軸が重要な要素として関わっています。

次に、投資の意義について考えてみましょう。投資の意義は、単に財政的なリターンを期待することだけではありません。投資には、個人、企業、社会、そして経済全体に対する重要な役割があります。

個々の投資家にとって、投資は資産の価値を保持したり増やしたりするための手段です。インフレの影響を考えると、お金をただ貯蓄しておくだけでは、その価値は時間とともに薄れていきます。これに対して投資は、お金を成長させ、価値を維持または増加させる手段となります。

企業にとって、投資は成長と発展を支える重要な活動です。企業は利益を再投資することで、新たな製品やサービスを開発したり、新しい市場に進出したりします。これにより、企業は更なる成長と利益の増加を実現することが可能となります。

社会全体を見ると、投資は経済の成長と発展を促進する役割を果たします。企業の成長は雇用の創出につながり、その結果として社会全体の生活水準の向上に寄与します。また、公共インフラの開発や教育への投資は、社会の福祉を高める重要な役割を果たします。

そして、最も大きな視点で見れば、投資は経済全体の動きを円滑にし、繁栄を維持する役割を果たします。さまざまな投資家が市場に参加し、資金を様々な投資先に振り分けることで、資源の最適な分配が促進され、経済全体の効率と生産性が向上します。

以上のように、投資は個々の投資家から社会全体、さらには経済全体に対して深遠な影響を与える行為であり、その意義は計り知れません。そして、**投資の行為自体が、我々の生活を豊かで充実したものにするための重要な手段である**ことを理解することは、投資に取り組む上で非常に重要です。

◉投資における3つの目的

投資はさまざまな目的を持つ行為です。具体的な投資の目的は投資家個々の生活状況や将来の目標、リスク許容度によりますが、一般的には、金銭的なリターンを得ること、安定した収入を得ること、そして将来の資金需要を確保することが主な目的となります。

1. 金銭的なリターンを得ること

この目的は、投資という行為の本質を最も直接的に表しています。株式や不動産、投資信託などへの投資は、価格上昇によるキャピタルゲインや配当・利息によるインカムゲインを目指すものです。このような金銭的なリターンは、投資家の資産を増やし、経済的な自由度を高めるための手段となります。

2. 安定した収入を得ること

投資は新たな収入源を創出する重要な手段です。例えば、不動産投資では家賃収入が、株式投資では配当収入が安定的な収入源となります。これにより、雇用やビジネスから得る収入以外にも独立した収入を得ることが可能となり、経済的な安定を確保するための重要な道具となります。

3. 将来の資金需要を確保すること

生涯を通じて多くの資金需要が発生します。教育、住宅、結婚、子育て、老後生活といったライフイベントに対応するため、また予期しない出費に備えるためには、適切な資金計画が必要です。投資はこれらの資金需要を満たすための方法の1つであり、特に長期間にわたる大きな資金需要に対する効率的な準備手段と言えます。

これらの目的を達成するためには、投資先の選択だけでなく、適切なリスク管理と投資計画が重要となります。リスクは必ずしも悪いことではありませんが、それを理解し、適切に管理することが重要です。

また、明確な投資目標を設定し、それに向けた計画を立てることにより、投資を通じて得られるメリットを最大限に活用することが可能となります。

お金を増やせるだけじゃない？投資の勉強で得られる効果とは

投資は資産を増やすための手段であると同時に、**自身の知識やスキルを深化させる絶好の学習機会**でもあります。

特に、ファイナンシャルリテラシーを高めることは、金融市場の動向を理解し、賢い決定を下す力をつけることに繋がります。

「ファイナンシャルリテラシー」とは、金融商品やサービスについての理解とその適切な利用ができる能力を指します。この能力が身につくと、自分のお金をより有効に使い、適切な投資決定を下すことが可能になります。このスキルは、将来的に安定した収入を得るための基盤を作るだけでなく、生活における重要な決定を下す際の基礎知識としても機能します。

投資に関する知識は、さまざまな形で得ることが可能です。経済や金融に関する書籍の読解、オンラインコースやセミナーへの参加、投資関連のニュースやブログの読み込みなどがその例です。これらの活動を通じて、投資の基本的な概念や戦略、リスク管理、市場分析などについて学ぶことができます。

また、知識だけでなく実践的なスキルも同時に養うことが重要です。実際に投資を行うことで、理論だけでは学べない経験を積むことができます。実際の市場の動きを観察し、自分自身で投資決定を下す経験は、投資の理解を深め、未来の金融行動に対する自信を生み出します。

このように投資の学習を通じて身につける知識とスキルは、金融的な自立を達成するための重要な一歩となります。財務状況の理解、将来の目標設定、財政計画の立案、リスク評価、投資決定といった金融行動を行う上での自信と判断力を養うことができます。

さらに、ファイナンシャルリテラシーは、金融商品やサービスに対する理解を深めることで、詐欺や不適切な金融行動から自身を守る力も持っています。

ファイナンシャルリテラシーが高い人は、金融商品やサービスが自分の目標や生活状況にどのように合致するかを理解し、適切な選択をすることが可能です。

これらすべてを考慮すると、投資の学習はファイナンシャルリテラシーの向上だけでなく、自己啓発の一環としても非常に価値があると言えます。この過程を通じて得られる知識とスキルは、一生涯の価値を持つものであり、自身の生活をより豊かにし、自己の目標達成を可能にするための道具となります。

投資を学ぶことは、自己の資金を管理し、成長させ、守るための能力を獲得することに他ならないのです。

どこに投資するべきか　～代表的な投資先一覧～

投資先は様々で、それぞれの特性やリスクが異なります。次ページに、主要な投資先を一覧で紹介します。

これらの投資先を理解し、自分のリスク許容度や投資目標に合わせて選択することが重要です。

この章では、投資先の特徴を1つずつ詳しく解説します。

●株式投資

株式投資とは、企業の株式を購入してその所有者（株主）となることです。これは、企業の一部を所有し、その業績や利益に対して一定の権利を有するという行為になります。株式投資の主

代表的な投資先一覧

投資先	特徴
株式投資	企業の一部の所有権（株式）を購入します。企業の利益に応じて配当が出ることもあります。
債券投資	企業や国が発行する債券を購入します。定期的に利息が支払われます。
投資信託	専門の運用会社が複数の資産を組み合わせて運用します。リスク分散が可能です。
不動産投資	不動産の購入や管理により、家賃収入や物件の価格上昇を期待します。
FX	為替レートの変動により利益を狙います。高リスク・高リターンの特徴があります。
仮想通貨	ビットコインなどのデジタル通貨を対象とします。急激な価格変動が特徴です。
貴金属・商品投資	金や原油などの価格変動を利用します。インフレヘッジの手段ともされます。

な目的は2つあり、1つは配当収入を得ること、もう1つは株価の上昇による売却利益を得ることです。

まず、株式投資の大きな特徴として「配当」があります。企業が利益を上げたとき、その一部を株主に還元する形で配当が支払われます。この配当金は定期的な収入として計算できるため、投資家にとって安定的なリターンの1つとなります。

次に、「株価の上昇」です。企業の業績が好調であれば、その企業の株価は上昇し、株主は株価差額による利益を得ることができます。一方で、業績が悪化すれば株価は下落し、投資家は損失を被る可能性もあります。このように株式投資は企業の業績や経済状況などに左右されやすいという特性があります。

これらの特性から、株式投資はリスクとリターンが大きい投資方法と言えます。より高いリターンを狙う一方で、一定のリスクを理解し、適切なリスク管理を行う必要があります。投資先としての企業の選定も重要で、企業の財務状況、業界環境、経営陣の信頼性などを考慮に入れるべきです。

さらに、株式投資には長期的な視点が求められます。企業の業績は1日や1ヶ月で大きく変わるものではなく、長期的な成長を期待して投資することが大切です。また、株式市場は短期的には不確実性や変動性がありますが、長期的には経済成長とともに上昇する傾向にあります。

以上のように、**株式投資は高いリターンを得る可能性とリスクをともに持つ投資方法です。**自身の投資目的やリスク許容度、投資期間を踏まえ、適切な投資判断を行うことが重要となります。

◉債券投資

債券投資とは、政府や企業が発行する債券を購入し、一定期間の利息（クーポン）と元本の返済を受け取ることです。債券は基本的に、一定の利息を定期的に支払い、期間が終了した際に元本を全額返済するという形で運用されます。これにより、株式投資と異なり、定期的で安定した収入を得ることが可能です。

債券投資の特徴は、その安定性にあります。株式投資が企業の業績により利益が変動するのに対し、債券投資では発行者が倒産しない限り、定められた利息と元本が返済されます。そのため、収入の安定性と資本保全を重視する投資家に適しています。

しかし、債券投資にもリスクがあります。それは「**信用リスク**」と「**利率リスク**」です。信用リスクとは、債券の発行者が利息や元本を返済できないリスクのことで、これは発行者の信用力や財務状況によります。

一方、利率リスクとは、市場金利の変動により債券価格が変動するリスクです。市場金利が上昇すると債券価格は下落し、逆に市場金利が下落すると債券価格は上昇します。

また、債券投資では株式投資に比べてリターンが低めであることが一般的です。これは、その安定性を反映したもので、リスクとリターンのバランスが反映されています。債券は、株式と比較して価格の変動幅が小さいため、短期間で大きな利益を上げることは難しいと言えます。

債券投資は、投資ポートフォリオの一部として、またはリスク分散の一環として取り入れることが多いです。具体的な投資方法としては、単独で債券を購入する方法や投資信託を利用する方法があります。

さらに、債券の種類は多岐に渡ります。国家が発行する国債、地方自治体が発行する地方債、企業が発行する社債などがあり、それぞれ特性とリスクが異なります。このような特性を理解し、自身の投資目的やリスク許容度に応じて選択することが重要です。

以上のように、債券投資は安定した収入と資本保全を重視する投資家にとって有用な選択肢であり、リスク分散のためにもポートフォリオに組み込む価値があると言えます。しかし、その特性とリスクを理解した上で、適切な投資判断を行うことが重要です。

◉投資信託

投資信託は、投資家から集められた資金を専門の運用会社が一括管理し、株式、債券、不動産など様々な資産に投資を行う商品です。その特徴として、初心者でも手軽に多様な資産に分散投資できる点や、プロの投資家による運用により投資初心者でも利益を得やすい点が挙げられます。

その第一の特徴、多様な資産に分散投資が可能な点について解説します。1人の投資家が自分で多種多様な投資を行うには、多額の資金と時間、専門知識が必要です。しかし投資信託では、少額から投資でき、一括管理により様々な種類の資産に分散投資が可能となります。これにより、リスクの分散が可能となります。

次に、プロの投資家による運用が可能な点です。投資信託では、運用会社の専門家がマーケットの動向を分析し、投資先を選定します。これにより、初心者でも専門家の知識と経験を利用して投資を行うことができます。

さらに投資信託の特徴として、利益を得るための2つの方法があります。1つは分配金による利益で、運用会社が得た利益の一部を投資家に分配します。もう1つは投資信託自体の上昇による利益で、購入した価格よりも高くなったところで売却することで利益を得ることができます。

しかし、投資信託にもリスクがあります。マーケットの下落や運用会社の運用失敗により資産価値が下落する可能性があります。また、運用会社へ支払う信託報酬や手数料などのコストが発生します。これらのリスクを理解した上で、自分の投資目的やリスク許容度に合った投資信託を選ぶことが重要です。

投資信託は、株式投資や債券投資に比べて手軽に多様な資産に分散投資ができるという利点があります。

しかし、運用会社の運用結果やマーケットの動向によるリスクがあるため、投資を行う際は十分な情報収集と自身のリスク許容度の理解が必要です。これらを理解した上で、自身の投資目的やリスク許容度に合った投資信託を選ぶことが重要です。

◉不動産投資

不動産投資は、物件を購入し、その賃貸収入や売却による利益を目指す投資法です。その特徴として、安定したキャッシュフロー(賃貸収入)、資産価値の上昇、税制優遇、インフレヘッジの機能が挙げられます。しかし、その一方で、初期投資が大きい、管理が必要、物件の価値が下落するリスクも存在します。

最初の特徴である安定したキャッシュフローについて解説します。不動産投資では、物件を借り手に貸し出すことで、毎月安定した賃貸収入を得ることが可能です。これは、株や債券のような他の投資形態と比較して特に優れた特性であり、特に長期間にわたる定期的な収入を必要とする退職後の生活資金等に適しています。

次に、資産価値の上昇についてです。不動産は土地と建物から成り立ちますが、特に都市部では土地価格が上昇する傾向にあります。これにより、物件自体の価値が時間とともに増加し、将来的に高値で売却することで利益を得ることが可能です。

また、不動産投資には税制上の優遇措置があります。賃貸収入から経費を差し引いた収益に対して課税されるため、適切に経費を計上することで課税所得を抑制することが可能です。また、物件を売却した際の利益に対しても一定の減税措置があるため、税制を活用することでより効率的な投資が可能となります。

さらに、不動産投資はインフレヘッジの機能も持っています。インフレが進行すると物価が上昇しますが、不動産の価格や賃料も上昇する傾向にあるため、資産価値を保つことができます。

一方で、不動産投資にはリスクも存在します。1つは初期投資が大きいという点です。物件の購入には大きな資金が必要で、しっかりとした資金計画がなければ財務的なリスクに繋がります。

また、物件の管理が必要という点もリスクの1つです。テナントの募集やメンテナンス、災害対応など、不動産投資には様々な管理業務が伴います。これらに手間をかけたくない投資家は、物件管理会社に委託することも可能ですが、その場合は管理費用が発生します。

最後に、物件の価値が下落するリスクもあります。地域の人口減少や経済状況の悪化などにより、物件価値が下落し、売却時に損失を出す可能性があります。

これらの特徴とリスクを理解した上で、不動産投資を行うことで長期的な安定収入や資産増加、税制優遇を活用した投資効果を得ることが可能です。しかし、そのためには自身の投資目的やリスク許容度を理解し、適切な物件選定や資金計画、管理体制の構築が必要となります。

●FX

外国為替証拠金取引、通称ＦＸは、異なる国の通貨を売買することで利益を得る投資法です。ＦＸは高いリターンの可能性、24時間取引の自由さ、レバレッジの活用可能性、取引の短期性といった特徴を持っています。

しかし、高いリスクを伴い、経済情勢の影響を大きく受けるため、専門知識が求められます。

ＦＸの主要な魅力は、他の投資法と比較して高いリターンを得られる可能性がある点です。通貨の価値は常に変動しており、価値の上下を正確に予測して売買すれば、大きな利益を手に入れることが可能です。

ただし、その反面、予測が外れた場合は大損する可能性もあります。

また、ＦＸは24時間取引が可能という特性も持っています。これは世界中の金融市場が1日中開いているためで、投資家は自分のライフスタイルに合わせて取引を行うことができます。さらに、世界各地で起こる経済イベントを利用すれば、短期間で利益を上げるチャンスが増えます。

さらに、ＦＸではレバレッジという手法を用いて大きな取引が可能です。レバレッジとは、一定の証拠金を保証金として大規模な取引を行うことができるシステムで、少ない資金でも大きな取引が可能になります。ただし、レバレッジの利用は損失を増大させる可能性もあるため、リスク管理が不可欠です。

ＦＸのもう1つの特徴は、取引の短期性です。株や債券などの長期的な投資とは異なり、ＦＸ

では数秒から数分の短期間で取引を行うこともあります。これにより、短期間で利益を得ることが可能ですが、同時に市場の急変によるリスクも増えます。

ＦＸ取引を上手く行うには、通貨の価値を左右する経済状況、政策、国際情勢などを理解し、それらを予測する能力が必要です。したがって、ＦＸは専門知識と経験が必要となります。

これらの特徴を理解し、リスクとリターンを適切にバランスさせることで、ＦＸは高いリターンを追求する投資家にとって魅力的な投資手段となります。ただし、リスクを理解し、自身のリスク許容度に合った取引を行うことが必要です。

●仮想通貨

仮想通貨は、デジタル世界での取引を可能にする新しい形の資産です。ビットコインやイーサリアムなど、様々な種類の仮想通貨が存在します。仮想通貨の特徴は、そのデジタル性、分散型システム、値動きの激しさ、匿名性、そして新たな可能性を秘めている点です。これらは仮想通貨投資の魅力とリスクを同時に示しています。

仮想通貨はその名の通り、物理的な存在はありません。インターネットを介してのみ取引されます。このデジタル性により、世界中のどこからでも、いつでも取引が可能になります。しかし、デジタルデータであるためにセキュリティリスクも存在します。データの消失やハッキングなどが発生する可能性があり、投資家は十分なセキュリティ対策を講じる必要があります。

また、仮想通貨は分散型システムで運用されています。これは中央の管理者や発行者が存在しないことを意味します。この特徴により、政府や中央銀行の影響を受けにくく、自由度が高い投資と言えます。しかし、その一方で法的なレギュレーションの不確定性や不透明性も問題となっています。

仮想通貨の価格は大きく揺れ動くことで知られています。その値動きの激しさは、高リターンを追求する投資家にとって魅力的です。一方、価格の急落により大きな損失を被るリスクも伴います。そのため、仮想通貨投資には強い心構えとリスク管理が必要となります。

さらに、仮想通貨の取引は匿名性が保たれることが特徴的です。仮想通貨アドレスは個人の身元を直接特定するものではないため、取引の秘匿性が高いです。しかし、その匿名性が犯罪に悪用されるケースも報告されています。

そして最後に、仮想通貨は新たな可能性を秘めています。ブロックチェーン技術を基にしたスマートコントラクトやＤｅＦｉ（分散型金融）など、これまでにない新しいビジネスモデルの創出が期待されています。仮想通貨投資は、その未来への期待を購入することでもあります。

以上の特徴を踏まえて、仮想通貨投資を考える際には、自身のリスク許容度と投資目標をしっかりと設定し、必要な知識を身につけることが重要です。また、仮想通貨の世界は日進月歩で進化していますので、最新の情報を常にキャッチアップする努力が求められます。

●貴金属・商品投資

貴金属や商品への投資は古くから行われており、特に金はその価値が安定しているために信頼性の高い投資先として広く認識されています。

その他にも、銀、プラチナ、パラジウムなどの貴金属、石油やガス、農産物などの商品が主な投資対象となります。貴金属・商品投資の特徴は、価値の保全、インフレ対策、多様性、流動性、そしてリスクの高さです。

まず、貴金属は物理的に所有することが可能で、特に金は長期的に見て価値が安定しているとされ、通貨の価値が下落する際のヘッジ（保護）としての機能があります。また、金は危機的状況になると投資家が安全資産として購入する傾向にあり、そのため価格が上昇する傾向があります。

次に、商品投資はインフレ対策として有効です。通貨の価値が下落すると、一般的には商品の価格は上昇します。そのため、商品投資はインフレ期における資産価値の保全手段として機能します。

また、商品投資はその多様性からポートフォリオのリスク分散に役立つとされています。商品市場は、株式や債券などの他の資産クラスとは異なる要因で動く傾向があります。これにより、商品をポートフォリオに加えることで全体のリスクを分散させることが可能です。

さらに、貴金属・商品投資はその流動性から機動性の高い投資となります。特にETFや先物取引を通じて行う商品投資は、取引時間が長く、必要なときに売買することが可能です。

しかし、貴金属・商品投資には高いリスクも伴います。商品価格は気候や地政学的な事象、政策など多くの要因によって大きく変動します。また、商品価格は一部の大手生産者や消費者による影響を受けやすいため、価格操作のリスクも存在します。

以上の特徴を考慮して、貴金属・商品投資に取り組む際には、市場の動向を理解し、リスク管理をしっかりと行うことが必要です。また、投資の目的とリスク許容度を明確にして、適切な投資戦略を立てることが重要です。

第4章

何からすればいいか
分からない！　という方へ

おすすめの初級投資法

「お金がなくなるのが怖い…」リスクを抑えた安全投資戦略

投資は一見すると難しそうで、何から始めたら良いのか分からないと感じる方も多いでしょう。「お金がなくなるのが怖い」という方でも、しっかりとした**知識と戦略があればリスクを抑えながら投資を始めることが可能**です。

初めての投資で重要なのは、自身のリスク許容度に合わせて計画を立てること。また、無理なく続けられる方法を選ぶことも大切です。初級投資法として、債券投資、インデックス投資、ドルコスト平均法などがおすすめです。それぞれの戦略の詳細については、この後詳しく解説します。

◉おすすめは債券投資

投資初心者やリスクを最小限にしたいという人々に対して、債券投資は強く推奨される方法の1つです。その理由は、**債券投資が提供する安定性と予測可能性**に大きく関連しています。これらは、投資に関連する不確実性を最小限に抑えるための重要な要素であり、特に初心者にとっては不安を取り除く大きな助けになります。

まず、債券投資は元本と利息の返還が約束されることから、その収益性が予測可能です。債券は、定期的に利息（クーポン）を支払い、満期になると元本を返還するという契約が成立しています。

このため、債券を購入した時点で、どれくらいの利息が得られ、いつ元本が返還されるかが明確です。この予測可能性は、投資初心者が投資の世界に足を踏み入れる際の不確実性を軽減し、自信を持って投資を開始するための道しるべとなります。

また、債券投資の安定性はそのリスク管理における有効性からも評価されます。債券は通常、政府や大手企業など信用力の高い組織によって発行されます。これらの組織が債務不履行に陥る可能性は低いため、債券投資は比較的安全な投資とされています。

これは、投資を通じて利益を得ることを目指す一方で、可能な限りリスクを避けたいという投資家のニーズに応える重要な要素です。

さらに、債券投資はマーケットの波動からの保護を提供します。債券と株式は異なる市場動向を示す傾向があり、この2つを組み合わせてポートフォリオを作ることで、市場の上下動に対するリスクを分散することが可能です。これは、全体の投資リスクを低減するための優れた戦略であり、初心者にとっては特に有益です。

加えて、債券投資は収益の観点からも魅力的です。特に、インフレが予想される環境下では、「インフレ連動債」と呼ばれる国債を選択することで、インフレの影響を抑えて収益を得ることが可能です。

これらの要素から、債券投資は投資初心者やリスクを抑えたい投資家にとって、理想的な選択肢と言えます。初めて投資開始する人々は、自身のリスク許容度や投資目的に応じて適切な債券を選び、その運用を始めることができます。

そして、その過程で投資に関する知識や経験を積むことで、次第によりリスクを伴う投資へとステップアップすることが可能になります。このように、債券投資は初心者の投資のスタートラインとして、またリスク管理の基本として、その価値を証明しています。

●インデックス投資の紹介

投資を行う上でリスクを抑えるために効果的な戦略の1つが、「インデックス投資」です。**インデックス投資は、特定の市場指数を追跡する投資方法で、その目的は指数のパフォーマンスを模倣すること**にあります。この投資戦略は個別の銘柄を選択するのではなく、**全体の市場に投資することでリスクを分散させる**という特性があります。

インデックス投資の魅力の1つは、その手軽さと効率性にあります。多くのインデックスファンドやETF（Exchange Traded Fund）は、特定の市場指数をそのまま複製する目的で作られています。

例えば、日経平均株価やS&P500などの指数を追跡する商品は多数存在し、これらを利用することで、一度に多数の銘柄に投資することが可能となります。これは、個々の銘柄を選択する手間や時間を省きつつ、市場全体のリターンを得ることができるという意味で、非常に効率的な投資方法です。

また、インデックス投資はコスト面でも優れています。運用会社が個別の銘柄を選択したり、売買したりするアクティブ型投資とは異なり、パッシブ型投資であるインデックス投資は指数の変動に追従するだけなので、運用コストを大幅に削減することができます。これは長期的な投資リターンに大きな影響を及ぼし、その結果、多くのアクティブ型ファンドがインデックス投資に対してパフォーマンスで劣るという統計があるほどです。

さらに、インデックス投資は多様性という観点からもリスク管理に寄与します。1つの指数には通常、多数の銘柄が含まれています。したがって、インデックス投資を行うことで、自動的に多くの企業に投資することになり、その結果、個別の銘柄のパフォーマンスに大きく左右されるリスクが低減します。

しかし、インデックス投資にも注意点があります。指数そのものに連動するため、市場全体が下落した場合には投資額も減少します。

また、個々の銘柄の成績を上回ることはないため、高リターンを追求する投資家には必ずしも最適な選択ではありません。さらに、どの指数を選ぶか、いつ投資を開始し、いつ売却するかといった投資戦略は、それ自体が投資家の判断に委ねられています。

以上のように、インデックス投資は市場全体のリターンを追求し、リスクを分散することを目指す投資手法です。その手軽さ、低コスト、多様性から初心者から経験豊富な投資家まで幅広く利用されています。

しかし、市場全体の動きに連動する特性上、市場全体が下落すると投資額も減少します。そのため、投資戦略やリスク管理の観点から自身の投資目的やリスク許容度に合わせた指数の選択や投資タイミングが重要となります。

◉ドルコスト平均法の紹介

投資を行う上でリスクを抑えるために有効な戦略の1つが、「ドルコスト平均法」です。**これは一定の間隔で同じ金額の投資を行うことで、短期的な市場の変動リスクを緩和し、長期的な成長を目指す投資手法**です。

ドルコスト平均法の大きな利点は、市場の動きを予測する必要がない点です。すなわち、毎月一定の金額を投資することで、市場が高値の時は少ない株式を、安値の時は多くの株式を買うことになります。これにより、長期的には株価の平均的なコストで購入することができるというわけです。この手法は特に、市場の動向を予測するのが困難な初心者や、忙しくて市場の動きを常にチェックする時間がない投資家にとって有用です。また、定期的に積立投資を行うことで、無理なく資産形成を行うことが可能となります。

さらに、ドルコスト平均法は投資の感情的な判断を排除する助けにもなります。市場が下落した際に恐怖心から投資を停止したり、逆に市場が上昇しているときに過度に投資を行うといった行動は、投資のリスクを高める可能性があります。ドルコスト平均法を採用することで、市場の状況に左右されることなく、安定的に投資を続けることが可能となります。

　ただし、ドルコスト平均法は必ずしも万能なわけではありません。市場が強気相場である期間が長い場合、例えば長期にわたる経済成長期などでは、一度に全額投資した方がより高いリターンを得ることが可能です。

　しかし、市場の先行きが不透明であるか、下落相場が予想される場合、ドルコスト平均法はそのリスクを軽減するのに役立ちます。

　また、ドルコスト平均法を用いても、投資そのものが無リスクというわけではありません。投資先が倒産する、業績が悪化するなどのリスクは依然として存在します。そのため、自己のリスク許容度に合わせた投資先の選択や、適切な資産配分が重要となります。

　ドルコスト平均法は、一定の間隔で一定額の投資を行うことにより、市場の変動リスクを抑え、感情的な投資判断を避けることができる投資戦略です。市場の予測が困難な初心者や、定期的に投資を行いたい投資家にとっては、非常に有用な手法と言えるでしょう。ただし、その運用には投資先の選択や資産配分など、他の要素も考慮する必要があります。

投資資金が少ない方にぴったり！少額から始められる投資

投資と言えば、大きな元手が必要というイメージがありますが、実は少額から始めることができる投資方法も存在します。**初めて投資に挑戦する人や、リスクを抑えて資産を増やしたいと考える人にとって、少額投資は理想的な手法**です。限られた資金でも効果的に投資を行うことが可能なので、無理なく続けられるポイントも魅力です。

本章では、少額から始められる投資法として、投資信託・ＥＴＦ、Ｓ株、ＲＥＩＴについて詳しく解説します。これらの投資法は、初心者から経験者まで、幅広い投資家におすすめの戦略となります。

◉投資信託・ＥＴＦ

投資信託とＥＴＦ（Exchange Traded Fund）は、ともに資産運用の一形態であり、複数の投資家が出資し、専門の運用会社がその資金を活用して株式や債券などに投資するという形をとります。その結果、投資家は分散投資の恩恵を受けることができます。

投資信託は、運用会社が投資家から集めた資金で様々な金融商品に投資し、その運用成果を投資家に還元する形を取ります。

一方、ＥＴＦは投資信託と同様に多数の銘柄を包含するポートフォリオを構築しますが、株式のように証券取引所で売買が可能である点が異なります。これにより、ＥＴＦはリアルタイムの価格で取引することができ、取引の自由度が高いという特徴を持ちます。

投資信託やＥＴＦは多くの場合、１単位の購入価格が低く設定されています。したがって、例えば数千円から数万円程度でも投資を開始することが可能となります。また、少額から始められるという特性は、投資によるリスクを経験しながら徐々に投資額を増やしていくという手法も可能にします。
これにより、リスクのある世界に突然大金を投じるというような状況を避け、自分自身のリスク許容度に応じて投資を進めていくことが可能となります。

さらに、投資信託やETFは多くの銘柄が毎月定額投資（積立投資）に対応しています。毎月定額投資とは、毎月一定の金額を投資するという手法で、少額でも継続的に投資を行うことができます。これにより、投資に大きな一時的な負担を感じることなく、長期的な視野で資産形成を行うことが可能となります。

一方で、少額投資のデメリットも理解しておくことは重要です。少額投資の最大の欠点は、利益もまた少額であることです。一定の金額を投じることでしか得られないリターンが存在し、投資金額が少ないとそれだけリターンも少なくなります。
しかし、ここで大切なのは、初めての投資や少額から始めたい方にとっては、まず投資そのものに慣れること、そして継続的に投資を行うことが重要であり、利益の大小よりもそれらの経験が初期段階では価値あるものとなるということです。

投資信託やＥＴＦの特性を利用して、少額から始められる投資は、投資初心者や投資に回せる資金が少ない方にとって、非常に有効な投資方法となります。最初は少ない金額でも、コツコツと投資を続けることで、長期的な視野での資産形成に繋がります。

投資はあくまで長い目で見るもの、その考えを念頭に、少額からの投資を通じて投資の世界を経験し、資産形成の一歩を踏み出しましょう。

◉単元未満株

単元未満株とは、最低取引単位が少ない株式のことを指します。多くの日本の上場企業では、通常、最低取引単位は１００株ですが、単元未満株では1株から取引が可能であり、そのため少額での取引が可能となっています。

単元未満株が少額投資に向いている理由は、最小取引単位が1株と非常に少ないため、一度に多額の資金を用意する必要がない点です。通常の株式投資では、取引の単位が100株や1000株と大きいため、1単位を購入するだけでも多額の資金が必要となります。

しかし単元未満株なら、株価が1000円であれば、1株1000円から投資を開始することができます。これは特に投資初心者や、少額から始めたいと考えている投資家にとって大きなメリットです。

もし少額で単元未満株投資を考えるならば、小型株への投資は魅力的かもしれません。小型株は大型株に比べて、成長余地があるとされています。そのため、少額から始めて長期的に保有し続けることで、大きなリターンを期待することが可能です。

一方で、小型株は大型株よりも株価の変動が激しい傾向があります。したがって、リスクも大きくなります。このリスクに対して耐えうる経済力やメンタルが必要となります。

単元未満株は少額から始められる投資として魅力的です。投資の世界に少しずつ足を踏み入れ、経験を積んでいくことは、投資において重要なステップです。単元未満株はその第一歩として、少額投資家にとって非常に有用な手段と言えるでしょう。

●REIT

不動産投資信託（REIT：Real Estate Investment Trust）は、複数の不動産を保有・運用し、その収益を投資家に還元する商品で、株式のように証券取引所で売買が可能です。少額から投資が可能な理由は、その一部を購入できる点にあります。実物の不動産投資と違い、大きな初期投資や融資を必要とせず、株式と同じく証券取引所で1単位から取引ができるため、比較的少額から始めることができます。

REIT投資の魅力の1つは、分散投資が容易にできることです。一般的にREITは、オフィスビル、商業施設、物流施設など、多数の不動産を組み合わせて運用します。これにより、単一の不動産に投資するリスクが分散され、安定した収益を得られる可能性があります。

また、ＲＥＩＴはその収益の一部を定期的に分配するため、投資家は定期的なキャッシュフローを得ることができます。これは年金などの収入補填や資産運用において有効な手段となります。

さらに、不動産市場の動向を株価でリアルタイムに把握することが可能な点も、ＲＥＩＴの特長と言えます。

一方で、ＲＥＩＴ投資のデメリットも理解しておくことが重要です。まず、経済の動向や利回りの変動により、基準価格が変動するリスクがあります。また、ＲＥＩＴの運用結果が期待通りでない場合、分配金が減少する可能性もあります。これらは一般的な株式投資と同様のリスクと言えます。

さらに、不動産市場の特性上、景気の影響を受けやすく、特に大規模な経済危機の際には価値が大きく下落する可能性もあります。そのため、投資する際は市場の動向や自身のリスク許容度を十分に考慮することが重要です。

以上のように、ＲＥＩＴは少額から始めることができ、不動産投資の魅力を享受しながらも、分散投資によるリスクヘッジと定期的なキャッシュフロー獲得が可能な商品として、多くの投資家に利用されています。

しかし、リスクの存在も忘れずに、慎重な投資判断を行うことが求められます。

時間こそが武器になる長期投資のすすめ

「時間こそが武器になる」という言葉は、長期投資の本質を表しています。

投資における時間の役割を理解し、それを活かすことで、我々は資産形成の旅をより堅実かつ有利に進めることができます。特に長期投資は、資本市場の力を最大限に引き出すための重要な戦略となり得ます。

この章では、具体的に時間を最大限に活用するための方法として、「積立投資と長期的視点の結びつき」について説明します。そして、どのように「長期的視点を持つための心構えと戦略」を駆使すればよいのかを紹介します。これらの知識と戦略が、あなたが投資を通じて自分の未来を形成するための指針となるでしょう。

◉積立投資と長期的視点の結びつき

長期投資とは、年数を重ねることでリスクを分散し、持続的なリターンを目指す投資スタイルを指します。この戦略を実現するためには、「積立投資」や「長期的視点」が欠かせません。

積立投資は、一定の期間ごとに一定額を投資する手法で、先ほどお伝えした「ドルコスト平均法」と同じと理解していただいて構いません。定期的に購入することで平均取得単価を抑える効果があり、その結果、**価格の変動リスクを分散させることが可能**になります。この特性が、長期投資と深く結びついているのです。

一方、長期的視点とは、短期的な価格変動に一喜一憂せず、むしろ長期的な価格成長や配当を狙う視点のことを指します。この視点があることで、一時的な価格下落があっても揺るがない精神的な土台を作ることができます。そして、積立投資とのシナジーにより、その効果はより一層増大します。

つまり、積立投資は市場の揺れを利用してコストを下げ、長期視点は一時的な市場の揺れから目を逸らして投資を続けるための精神的な支えとなります。この2つが組み合わさることで、不確実性の高い投資市場でも、安定的に投資を続けることが可能になるのです。

投資の世界では「時間が金よりも重要」とよく言われます。それは時間をかければ、市場の一時的な下落から回復するチャンスが来るからです。積立投資と長期視点を組み合わせることで、この「時間」を最大限に活用し、確実な投資成果を実現することができます。

このように、積立投資と長期視点は深く結びついており、その結びつきを理解し活用することが長期投資の成功につながります。一見すると異なる概念のように思えますが、実は一緒に動くことで互いの強みを引き立て、投資家の資産形成に大きく寄与します。

◉長期的視点を持つための心構えと戦略

長期的視点を持つための心構えと戦略について、深く掘り下げてみましょう。**長期投資の成功は、短期の利益追求よりも、より広範で持続可能なビジョンを見据える**ことから始まります。

心構えとして最も重要なのは「耐性」です。株価は一時的に上下することがありますが、パニックにならず、その波を乗り越えることが重要です。これは「市場タイミング」に頼らず、長期的な価値創造に焦点を当てることを意味します。これらの行為は投資の経験がない人でも可能です。ただし、心の準備と自己認識が必要となります。

次に、投資戦略について考えてみましょう。**最初に理解すべきは、自身の「投資目標」です。リタイアメント、大学の教育費、自宅の購入など、具体的な目標があると、それに向けた投資戦略を立てやすくなります。**

「分散投資」も重要な戦略です。すべての投資を1つの銘柄やセクターに集中させるのではなく、リスクを分散させることで、一部が失敗しても全体のポートフォリオが安定するようにします。さらに、様々な産業や地域に投資することで、成長のチャンスを広げることができます。

さらに、投資について学習を続けることも大切です。市場の動向、新しい投資商品、経済の基本原理など、理解を深めることで、より良い投資判断を下すことができます。

最後に、「再投資」も重要な戦略です。配当や利益を再投資することで、利益が利益を生む「複利効果」を最大限に活用することができます。これは時間とともにその効果を増大させるため、長期投資に特に有効です。

要するに、長期的視点を持つための心構えと戦略とは、耐性を持ち、目標を設定し、分散投資を行い、学習を続け、再投資を行うことに集約されます。これらを心に留め、行動に移すことで、長期的に安定したリターンを得ることが可能になります。

第 5 章

初心者なら
必ず知っておきたい

投資の注意点

投資にはリターンもあるけどリスクもある

誰もが潤う未来を描きながら投資に参加するのは自然なことですが、同時に我々は投資に付き物のリスクを十分に理解し、その結果に対処する準備も怠ってはなりません。

そこで、この章では投資初心者が絶対に知っておくべきリスクについて考察します。特に、2つの重要な概念**「リスクとリターンの関係」**と**「分散投資の役割」**について解説します。これらを理解することで、より効果的に投資活動に取り組むことが可能となります。

●リスクとリターンの関係

投資の世界には「ハイリスクハイリターン」という言葉があります。これは「高いリスクを取れば取るほど、高いリターン（利益）を期待できる」という投資の基本的な原則を示しています。

しかし、初心者の方々が特に理解しておかなければならないのは、ハイリスクハイリターンはあくまで「期待」できるという点です。つまり、必ずしも高いリスクを取れば高いリターンが得られるわけではありません。

なぜなら、投資は未来の事象に対する賭けの一種です。未来の事象はあくまで予測であり、確定した事実ではないからです。

例えば、新興企業への投資は大きなリターンを期待できますが、その一方で企業が破綻してしまえば投資金はすべて失われてしまいます。それに対して、信用度の高い国債などに投資すればリターンは低いものの、元本が失われるリスクは非常に低いと言えます。

つまり、投資のリスクとリターンは表裏一体であり、そのバランスを理解することが非常に重要です。高いリターンを追求するあまりにリスクを無視してしまうと、一夜にしてすべてを失ってしまう可能性もあります。

その一方で、リスクを過剰に恐れてリターンを追求しなければ、インフレによる購買力の低下等から資産が目減りしてしまう可能性もあります。

ここで大切なのは、自分自身がどれだけのリスクを取ることができるのか、リスクを取ることでどれだけのリターンを期待するのかを明確にすることです。これは投資家それぞれの生活環境、資産状況、性格、目標などにより異なります。

このリスクとリターンのバランスを自分なりに定め、それに基づいた投資戦略を立てることで、自身の資産を着実に増やしていくことが可能となります。

投資を始める前に、リスクとリターンの関係を理解し、自分にとって最適なバランスを見つけることが大切です。その理解があれば、自身の資産を守りつつ、効果的に増やすことが可能となります。

●分散投資の役割

分散投資は、投資リスクを管理するための最も一般的な戦略の1つです。1つの投資先にすべての資金を集中させるのではなく、複数の投資先に分散させることで、特定の投資先が悪化した場合でも、全体のポートフォリオのパフォーマンスを保つことが可能となります。

例えば、全資産を1つの株式に投じた場合、その企業が不渡りを出したり業績が悪化した場合、資産のすべてを失う可能性があります。

しかし、投資先を多く分け、1つの企業が経営難に陥っても他の企業が好調であれば損失を抑えられます。これは、各投資先のリスクを相互に打ち消し合う、という理論から成り立っています。

だからといって、すべての資産を分散することが良いとは限りません。あまりにも多くの投資先に資産を分散すると、管理が難しくなり、また全体のリターンも低下する可能性があります。投資先の数だけでなく、各投資先の質や、それぞれの投資先間の相関関係なども考慮する必要があります。

また、株式だけでなく、債券、不動産、コモディティ（商品）など、異なるアセットクラスに投資を分散することも重要です。一般に、同じアセットクラス内の投資先が同じようなパフォーマンスを示す傾向があるためです。例えば、同じ業種の株式は、業界全体が影響を受けるニュースや経済状況により、同様の動きをする可能性が高いです。
これに対し、異なるアセットクラスは経済状況や市場の動きに対して異なる反応を示すため、1つのアセットクラスが不振の時でも、他のアセットクラスが良好なパフォーマンスを維持することで全体のリスクを軽減することが可能です。

分散投資のもう1つの大切な要素は、定期的なリバランスです。ある投資先が大きなリターンを生んだ場合、その投資先に資産が集中しすぎると、本来の分散投資の目的が失われてしまいます。そのため、定期的にポートフォリオを見直し、元の分散投資のバランスに戻すことが必要となります。

分散投資は、投資におけるリスクとリターンのバランスを保つための重要な手段です。これをうまく利用することで、リスクを抑えつつ、長期的な視点でのリターンを追求することが可能となります。投資を始める前に、この分散投資の理念を理解し、自分自身の投資戦略にどのように取り入れるかを考えることが大切です。

ちゃんとデータはある？信頼性のある情報を見つけよう

投資の世界は情報の海で溢れています。その中で信頼性のある情報を見極め、それを活用することが投資成功の鍵となります。

そのため、初心者投資家にとって重要なスキルは「ニュースと噂の区別」と「情報の確認と検証」です。これらを理解し、適切に行えるようになることで、確かな情報に基づいた判断を行うことが可能になります。この章で詳しく説明します。

◉ニュースと噂の区別

投資の世界は1分1秒で変化します。そのため、正確でタイムリーな情報が求められます。しかし、その一方で、投資の世界は〝ノイズ〟と呼ばれる情報も多く含んでいます。ノイズとは、噂や推測など、投資判断に役立たない、あるいは誤った判断を誘導する可能性のある情報です。

ここで重要なのは、〝ニュース〟と〝噂〟の区別です。ニュースは公に発表され、その情報源を明確にできるものです。これは一般に信頼性が高く、投資判断に利用することができます。

一方、噂は具体的な情報源が明確でないものや、信頼性が確認できないものを指します。**噂は基本的に投資判断に利用すべきではありません。**

しかし、現実にはニュースと噂の間にはグレーゾーンが存在します。例えば、信頼できると思われる人物からの未確認情報や、特定のメディアだけが報じるニュースなどがそれに当たります。これらの情報をどのように扱うべきかは、その情報の内容や、それがもたらす影響の大きさなどによって変わります。

また、〝ニュース〟というもの自体が必ずしも信頼性が高いとは限りません。メディアは視聴率や閲覧数を追求するため、大げさに報じたり、一部を切り取って報じたりすることもあります。

そのため、投資家としては、複数の情報源からニュースを得ることで、その信頼性を確認することが重要となります。

そのためには、多角的に情報を収集し、各情報がどのような背景や意図を持って伝えられているのかを理解することが重要です。また、情報に対する批判的な視点を持ち、その情報が自分の投資戦略とどのように関連しているのかを考えることも重要です。

投資家が成功するためには、正確な情報を素早く得るだけでなく、その情報を正しく解釈し、適切な判断を下す能力が求められます。それはまさに、ニュースと噂の適切な区別というスキルから始まるのです。

◉情報の確認と検証

投資をする際、私たちが頼る情報は山ほどありますが、そのすべてが真実であるわけではありません。私たちの判断を誤らせ、資産を危険にさらす可能性がある誤った情報、または誤解を招く情報も少なくありません。そこで重要となるのが、情報の確認と検証です。

情報の確認とは、得られた情報が正確であることを確認する作業です。情報源を確認することから始め、その情報源が信頼できるかどうかを見極めます。情報源が公的な機関や信頼できるメディアならば、その情報の信頼性は高いと言えるでしょう。
また、情報源が専門家や第三者機関からのものであれば、その情報の客観性も高まります。

しかし、情報の確認だけでは不十分な場合もあります。それが、情報の検証の役割です。情報の検証とは、情報が正確であることを裏付ける作業です。これは、情報が真実であるかどうかだけでなく、その情報が現在も有効であるかどうかを確認することを含みます。

例えば、ある企業の業績についての情報を見つけたとします。その情報は2年前のもので、現在の企業の状況を反映していない可能性があります。このような場合、最新の情報を探すことで情報の検証を行うことができます。また、複数の情報源から同じ情報を得られることで、その情報の信頼性を高めることも可能です。

情報の確認と検証は時間と労力を必要としますが、これらのプロセスを経ることで信頼性の高い情報を得ることが可能となります。そして、信頼性の高い情報は投資判断の精度を高め、投資のリスクを低減します。

また、情報の確認と検証は投資家自身のスキルを向上させるためにも重要です。これらの作業を通じて、情報の信頼性を見極める視野を持つことができ、偽の情報や誤解を招く情報から自分自身を守ることが可能となります。

投資における情報の役割は非常に大きいです。しかし、それは情報が信頼できるものである場合に限ります。そのため、情報の確認と検証は投資家が知識を深め、正確な判断を下すために不可欠な作業と言えるでしょう。

おいしい話にご用心～投資詐欺とその予防～

豊富な利益を約束する甘い話には慎重になるべきです。過度に美化された投資の機会は、時として投資詐欺の罠であり、その結果、大金を失う可能性があります。**これらの詐欺は巧妙で、初心者投資家は特に狙われやすい**のです。

しかし、詐欺の兆候を理解し、それらを見分ける方法を学ぶことで、自分自身を守ることができます。また、万が一詐欺に遭遇した場合の対処法も知っておくべきです。

これから「投資詐欺の兆候と種類」、「詐欺被害にあった場合の対処法」について詳しく説明していきます。

◉投資詐欺の兆候と種類

投資詐欺は巧妙で、初心者投資家をターゲットにしやすい特性があります。多くの場合、信じられないほどのリターンが約束され、それは通常の投資の範囲をはるかに超えています。このような**「極めて高い利益」は、投資詐欺の最も一般的な特徴であり、警戒すべきサイン**です。

また、情報の開示が不十分な場合も注意が必要です。合法的な投資会社は通常、投資家に対して詳細な情報を提供しますが、詐欺師はその詳細をあいまいにし、明確な答えを避ける傾向があります。具体的なビジネスモデルや収益源について明確な説明がない場合、それは詐欺の可能性を示しています。

さらに、詐欺師はしばしば高圧的なセールス戦術を用い、すぐに投資を決定するようにプレッシャーをかけます。「限定的な機会」や「時間がない」などと主張された場合、そのような急ぎ足の戦術には気をつけてください。

投資詐欺には様々な種類がありますが、代表的なものには**「ポンジスキーム」**、**「ピラミッドスキーム」**、**「パンプアンドダンプ」**などがあります。

ポンジスキームでは、新規投資者からの資金で古い投資家へのリターンを支払います。最初は高いリターンが実現されるため、多くの人々が引きつけられますが、新規投資家がいなくなるとシステムは崩壊します。

ピラミッドスキームも似たような構造ですが、ここでは参加者が新たな投資家を勧誘することで報酬を得ます。これも新規参加者の流入が途絶えると、システムは崩壊します。

パンプアンドダンプでは、株価を人為的に上昇させ、その後急落させて利益を得ます。このスキームは通常、流動性の低い小型株に対して行われます。

これらの詐欺の兆候を理解し、自分自身を守ることが重要です。次に、万が一詐欺に遭遇した場合の対処法について説明します。

●詐欺被害にあった場合の対処法

まず、投資詐欺に遭った疑いがある場合、最初に行うべきことは慌てずに行動することです。状況を冷静に分析し、可能ならば詐欺師とのすべてのコミュニケーションを保存します。これには電子メール、テキストメッセージ、ボイスメール、書面による通信などが含まれます。

次に、即座に近くの警察署に通報します。具体的な詳細とともに事件を報告し、警察が事態を追跡しやすくするためのすべての情報を提供します。詐欺事件は通常、経済犯罪やサイバー犯罪の専門部署が扱いますので、地元の警察署が必ずしも対応できない場合もあります。

また、詐欺事件を金融監督機関にも報告することが重要です。例えば、日本では金融庁がその役割を果たしています。この機関は、業界全体の監視と調査を行い、詐欺師を法的に追及する能力を持っています。

さらに、信頼できる法律家と相談することを検討してください。彼らは詐欺師からお金を回収するための法的な手段を提案できます。例えば、詐欺師を民事訴訟に巻き込むことで資金の一部を取り戻すことができるかもしれません。

投資詐欺被害者は時には深い恥や怒りを感じることがありますが、被害を受けたことを他人に知られたくないという思いから沈黙してしまうことは避けてください。逆に、他の人々に対する警告として体験を共有し、同様の詐欺から他人を守る役割を果たすべきです。

最後に、心理的な支援も重要です。詐欺被害は大きなストレスを引き起こし、時には深刻な精神的影響を及ぼす可能性があります。信頼できる友人や家族、カウンセラーと話し、必要ならば専門家の助けを求めてください。

投資詐欺は生涯の貯蓄を失う可能性がありますが、適切な対応と行動を取ることで被害を最小限に抑え、時には回復することも可能です。重要なのは、事態を受け入れ、次の行動を計画し、投資における教訓を学び、前に進むことです。

第6章

もっと効率的に
お金を増やそう!

節税対策をして賢くお金を守る

資産形成において使うべき節税・優遇制度

お金を稼ぐ、増やすだけではすべてが終わるわけではありません。それらの努力も、**適切な節税対策がなければ無駄になってしまう可能性がある**のです。

節税は、私たちが稼いだお金をより効率的に管理し、最大限に活用するための重要な手段です。ただし、ここでも重要なのは法律を遵守し、適法な節税対策を行うことです。それぞれの具体的な方法については、次の見出しで詳しく説明します。

●NISA

NISA（少額投資非課税制度）は、個人が一定の金額まで投資を行うと、その投資による利益（配当金や売却益）が課税されないという制度です。2014年に日本で導入されて以来、多くの人々に利用されています。

この制度の目的は、一般の個人投資家が自己判断で自己責任に基づき、投資を通じて自己の資産を形成していくことを支援するためです。そのため、主に個人向けの商品である株式、投資信託、ETF、REITなどが対象となっています。

そして2023年度の税制改正大綱により、NISAの拡充と恒久化が盛り込まれました。これまでのNISAは3種類（つみたて・一般・ジュニアNISA）でしたが、2023年末でジュニアNISAは終了し、2024年以降は新NISAに1本化されます

新NISAの主な変更点は以下の通りです。

●非課税保有期間の無期限化
●口座開設期間の恒久化
●つみたて投資枠と、成長投資枠の併用が可能

●年間投資枠の拡大

これにより、ＮＩＳＡ口座を利用した投資戦略に、より幅を持たせることができます。また、投資枠も拡大し、非課税期間も無期限になるなど、さらに使い勝手が良くなり資産形成を強く後押しする制度となります。

ＮＩＳＡを利用する際には、自身のライフスタイルや投資の目的、リスク許容度をしっかりと理解した上で、適切な資産配分を行い、投資計画を立てることが重要です。

また、投資は自己責任であり、市場の変動により元本が減少する可能性があることを理解した上で、資産形成の一部として活用することが推奨されます。そのため、情報収集や投資の勉強を継続的に行い、自身の投資スキルを上げることも重要となります。

以上のように、ＮＩＳＡは投資初心者でも利用しやすい制度であり、適切に活用すれば節税対策として大いに役立つでしょう。

◉確定拠出年金［個人型（ｉＤｅＣｏ）・企業型ＤＣ］

確定拠出年金は、個々の投資家が自分で積み立てる年金制度で、その中には個人型の**ｉＤｅＣｏ（個人型確定拠出年金）**と企業型の**ＤＣ（企業型確定拠出年金）**があります。これらの制度は、労働者が自分で年金資産を形成し、安心した老後生活を送るための手段として広く用いられています。

ｉＤｅＣｏや企業型ＤＣの大きな特徴は、一定の税制優遇があることです。まず、確定拠出年金に積み立てる金額は、所得税と住民税から控除されます。これにより、収入が高いほど節税効果が大きいというメリットがあります。

さらに、積み立てた資金が運用されて得られる利益（運用益）は、運用期間中は課税されません。また、確定拠出年金の特徴は、その自由度の高さにもあります。ｉＤｅＣｏや企業型ＤＣでは、自分で積み立てる金額を決めることができます。また、自分のライフスタイルやリスク許容度に合わせて、投資先（運用商品）を選ぶことも可能です。これらにより、個々の投資家は自分だけの資産形成を進めることができます。
しかし、確定拠出年金には注意点もあります。まず、確定拠出年金は基本的に60歳まで引き出すことができません。また、節税のメリットはあるものの、運用商品の選択や運用状況によっては元本が減少する可能性もあります。

企業型ＤＣは、企業が提供する福利厚生の一部として位置付けられています。企業が選んだ運用商品の中から、従業員が選ぶことが可能です。積み立てる金額は、企業との間で取り決めた範囲内で従業員が自由に選択できます。
また、企業型ＤＣは、退職金制度としても活用されることが多く、退職後の生活設計の一助となります。

以上のように、確定拠出年金は、自己責任に基づく年金制度であり、自身で資産形成を行うことができます。また、税制上の優遇措置を受けることができるため、節税対策として活用することも可能です。

ただし、自分自身で運用商品を選び、投資を行う必要があるため、投資に関する知識や経験を積むことが重要です。それを踏まえた上で、確定拠出年金を活用して、効率的な資産形成と節税対策を行うことができます。

◉医療費控除

医療費控除とは、1年間で支払った医療費の合計が一定の金額を超えたときに、その医療費を基に計算した金額分の「所得控除」を受けることができる制度です。

医療費控除を受けるためには、「医療費控除の明細書」を、所得税の確定申告書に添付する必要があります。支払った医療費のレシートや領収書は自宅で5年間保存しておくことが重要です。

また、医療費の計算には、病院や薬局での支払いだけでなく、交通費や看護師の訪問費用など、病気や怪我の治療にかかる費用全般が含まれます。

さらに、医療費控除を受けるには申告が必要です。サラリーマンなど普段あまり確定申告を行わない人でも、医療費控除の申告だけは行うことが可能です。この申告にはe-Taxと呼ばれるネット申告も可能なため、パソコンやスマートフォンがあれば自宅からでも簡単に申告できます。

ただし、医療費控除には一部除外される医療費もあります。例えば、健康診断や人間ドック、予防接種、美容整形などの費用は控除の対象外となっています。また、医療保険や生命保険の保険料も控除対象外です。

以上のように、医療費控除は、医療費がかさむ場合には特に有効な節税対策となります。しかし、どの医療費が控除対象になるのか、どのように申告を行うのかを理解し、レシートや領収書の管理を怠らないことが重要です。

●セルフメディケーション税制

セルフメディケーション税制は、日本国内で2017年に導入された新たな税制で、健康を自己管理する行為（セルフメディケーション）を推進し、国民一人ひとりが健康であることを支えるために設けられました。

これは、人々が自身の健康を白らの手で管理し、健康を維持・向上させることを目的としています。そして、そのために必要な医薬品やサプリメントの購入費用を一定額控除することで、健康維持に対する経済的な負担を軽減します。

以下にその主要なポイントをまとめます。

●対象者：健康の維持増進や疾病の予防への取組を行っている人が対象となります。

●対象医薬品：OTC医薬品（一般用医薬品）が対象となります。これには、スイッチOTC医薬品（要指導医薬品）や一般OTC医薬品（一般用医薬品）が含まれます。

●購入額：その年中に自己または自己と生計を一にする配偶者その他の親族のために、12000円を超える対象医薬品を購入した場合に適用されます。

●控除額：購入した対象医薬品の金額が所得から控除されます。ただし、控除額は購入金額から12000円を引いた金額となります。

●申告方法：確定申告時に医療費控除の一部として申告します。医療費控除の明細書に、対象となる医薬品の購入額を記入します。

●領収書の保存：購入した医薬品の領収書は5年間保存する必要があります。

ここで注意したいのは、すべての市販薬やサプリメントが控除対象になるわけではないということです。対象となる商品は、厚生労働省によって特定されており、そのリストをチェックすることが必要です。また、これらの商品を購入した際のレシートや領収書は必ず保管しましょう。これらの証明書類がないと、税制を利用することはできません。

また、この税制を利用するためには確定申告が必要です。確定申告を通常行わない方でも、セルフメディケーション税制のための申告は可能です。医療費控除と同じく、ネット申告のe-Taxを活用すれば、自宅からでも手軽に申告を行うことができます。

以上のように、セルフメディケーション税制は、自分自身の健康管理に対する投資を通じて、経済的な負担を軽減する効果的な節税対策と言えます。ただし、控除対象となる商品の確認やレシートの保管、確定申告など、いくつかの手続きを必要とします。これらの手続きを理解し、実行することで、セルフメディケーション税制を上手に活用し、賢くお金を守ることが可能になります。

◉住宅借入金等特別控除（住宅ローン控除）

住宅借入金等特別控除、通称「住宅ローン控除」は、日本の税制の中で重要な位置を占める節税制度の1つです。これは、自己の住宅を購入するために必要となる借入金の利息部分を、所得税及び住民税から一定期間控除できるというものです。

これにより、新たな住宅を手に入れる際の経済的な負担を軽減し、安定した住宅生活を支えることを目的としています。

以下にその主要なポイントをまとめます。

●**対象者：個人が住宅ローン等を利用してマイホームの新築、取得又は増改築等をした場合に適用されます。**

●**控除額：年末時点での住宅ローンの残高の一定割合（通常は0・7％）が、入居時から最長13年間にわたって、所得から控除されます。**

●**申告方法：確定申告時に住宅借入金等特別控除の申告を行います。必要な書類は確定申告書、**

給与所得の源泉徴収票、マイナンバーカードあるいはマイナンバー記載の通知カード等です。

●期間：一定期間（通常は最長13年間）にわたって控除が受けられます。

住宅借入金等特別控除（住宅ローン控除）の申告方法は、確定申告と年末調整の2つの方法があります。どちらの方法を選ぶかは、個々の状況によります。

確定申告：住宅ローンを利用して新築や購入、増改築等をした年の翌年から、最長13年間にわたって確定申告を行うことで控除を受けることができます。確定申告は通常、毎年2月16日から3月15日までの期間に行います。

年末調整：2年目以降であれば、住宅ローン控除を年末調整で申請が可能です。年末調整を利用すると、確定申告を行わなくても住宅ローン控除を受けることができます。

ただし、年末調整で全額控除できなかった場合や、複数の勤務先がある場合などは、確定申告を行う必要があります。

住宅ローン控除は、自己の住宅を手に入れるための大きな経済的な負担を軽減する、非常に有効な節税策と言えます。ただし、適用要件の確認や確定申告など、必要となる手続きが存在します。これらの手続きを理解し、実行することで、住宅ローン控除を上手に活用し、自己の経済状況を賢く守ることが可能になります。

●保険料控除（生命保険、地震保険など）

保険料控除は、生命保険や地震保険などの保険料が所得税や住民税から一定額控除されるという節税制度です。これは、保険によるリスクマネジメントを通じて、家計の安定を支えることを目的としています。

まず生命保険料控除についてですが、一定の要件を満たした保険契約については、所得から一定の金額を控除できます。これにより、生命保険を適切に活用することで、家計の経済的な安定を図るとともに、節税効果も享受することが可能になります。

ただし、対象となる保険料の額や控除限度額は、年齢や契約の内容によって異なるため、詳細な規定を確認することが必要です。

一方、地震保険についても同様の控除制度が存在します。地震保険料控除は、地震保険料の一部が所得から控除できる制度です。日本は地震大国であり、地震保険は住宅を守るための重要な手段の1つです。この制度を利用することで、地震保険を適切に活用しつつ、節税効果も享受することが可能になります。

しかし、これらの控除を活用するためには、申告を行う必要があります。通常の給与収入だけでなく、生命保険や地震保険の控除を適用するためには、確定申告を通じて税務署に申告する必要があります。そのため、これらの控除を活用するためには、確定申告の方法を理解し、正しく行うことが重要です。また一部の企業では、給与から保険料控除を行う年末調整を行っています。

保険料控除を最大限に活用するためには、保険の契約内容を適切に選択することも重要です。

生命保険や地震保険の内容は、保険会社やプランによって大きく異なるため、自分自身のライフスタイルやニーズに合ったものを選択することが求められます。

保険料控除は、リスクマネジメントと節税の両方を目指すことができる、非常に有用な制度と言えます。これを適切に活用することで、自身の生活を守りながら、節税対策を行うことができます。

●ふるさと納税

ふるさと納税は、自身が選んだ地方公共団体へ寄付を行うことで、その金額の一部が所得税や住民税から控除される制度です。この制度を利用すれば、自身が応援したい地域を支えると同時に、賢い節税対策を行うことができます。

ふるさと納税の制度は、地方創生の一環として２００８年に始まりました。人口が都市部に集中する現象に対して、地方公共団体が自己の魅力をアピールし、資金を得る手段として設けられたのがふるさと納税です。

そしてこの制度が人々の間で広く知られるようになった一因となったのが、寄付に対する「返礼品」です。地域特産品などを返礼品として提供することで、全国から寄付を募る地方自治体が増えました。

ふるさと納税をすることで節税効果を享受するためには、寄付金のうち2000円を除いた金額が、年末調整や確定申告を通じて所得税や住民税から控除されます。具体的には、税金の額から寄付金が控除され、その結果として納税額が減少します。

これは寄付した人がその恩恵を受けるため、寄付を通じて地域を支援しながら、自分自身の税負担を軽減することができます。

しかし、ふるさと納税を有効に活用するためにはいくつかの注意点があります。まず、ふるさと納税の控除を受けるためには、確定申告を行うか、ワンストップ特例制度を利用しなければなりません。このワンストップ特例制度を利用すると、確定申告を行わなくても控除を受けることができます。

また、寄付を行う自治体の選択も重要です。返礼品の内容や地域の取り組みにより、寄付先を選ぶことができます。

さらに、ふるさと納税の控除額には上限があります。寄付をどれだけ行っても控除されるのは、所得と住民税の一部までとなります。そのため、控除額の上限を超える寄付を行った場合、超過分は控除されません。

ふるさと納税は、地方公共団体への支援と節税を両立できる魅力的な制度です。ただし、その活用には確定申告や控除額の上限、寄付先の選択など、複数の要素を理解して適切に対応することが求められます。

これらを理解し、適切に活用することで、ふるさと納税を通じて節税対策を行い、自分自身の資産を賢く守ることができるでしょう。

おわりに

最後まで読んでいただき、ありがとうございました。

これから資産形成を始めようという人を基準に、最低限これだけは知っておきたい資産形成の基礎知識を、分かりやすくまとめてみました。

お金に関して、真剣に考えたこともなかったという、いわば初心者の方にも理解できるよう記述したつもりです。

取り上げたトピック以外にも、資産を増やす方法はまだ多数あります。

この本で紹介したものは、あくまでも最初のステップで知っておくべき基礎知識です。

本書で紹介した方策を一つずつ実行していけば、それぞれの作業から得られる成果は小さなものかもしれませんが、積み重なったお金がやがては資産と呼べるレベルにまで大きくなることでしょう。

資産形成はギャンブルでもマネーゲームでもありません。日々の生活のなかで積み重ねていく地味で堅実な作業のたまものです。

これから資産形成を始めようという人にとっては、自分が行ってきたお金の使い方を精査することによって、自分自身と向き合うことができ、結果としてこれまでの生活習慣を見直すことになるはずです。

最近はやっと投資や資産運用といった単語が一般的になってきましたが、それでもすべての人がそちらに意識を向けている訳ではありません。

自身の消費活動を注意深く検証することもなく、仕事と時間に追われながら日々を送っている人が意外と多いのではないでしょうか。気にするのは、せいぜい銀行口座の預金残高くらい、という人もいるでしょう。

お金が戻ってくる使い方や、お金を活かす使い方があることに気付くことができれば、将来への不安が解消されます。

この本をきっかけに、資産形成という生活防衛の土台に気付き、真剣に取り組もうと思う方が増えてくれれば、著者の私としても執筆の労が報われます。

これまでは資産という言葉さえ意識せず暮らしてきたという人には、本書で記述している内容は広範すぎて、今ひとつピンとこないかもしれません。

まずは、最低限押さえておきたい基礎知識について、難しく考えることなく、こういった方法があるのだと知っていただくだけで構いません。

実践的な資産形成の方法は、ＹｏｕＴｕｂｅの動画のほうで発信していますので、ぜひ私のチャンネルで最新の情報に触れていただければと思います。

資産形成を考えている方々を情報発信という形でお手伝いをするのをテーマにしたチャンネルなので、きっとお役に立てるかと思います。

本書および私のＹｏｕＴｕｂｅの動画を参考にして頂き、一人でも多くの方が資産形成をスタートし、安定した将来に対して準備を始めることができれば、これ以上の喜びはありません。

ぽんちよ

本書を読んで頂いた読者の方限定
スペシャル特典！

下記QRコードより
限定配信動画を見ることができます！

↓↓↓

はじめて資産形成を取り組む人に向けて、ぽんちよからのメッセージを動画に込めました！
私自身がどんな風に資産形成に取り組んできたか、実際1億円の資産を築いた今、当時の自分に伝えたいことを、動画で話しています！

ぽんちよ

「将来のお金」に対する不安を抱くなか、資産運用を始める。また、「初心者にとって投資を始めるハードルが高い」という自身の経験をもとに、YouTubeで「投資初心者の背中を押す」というコンセプトに動画配信を開始。現在登録者は40万人を超え、累計動画数600本以上。2022年3月に早期退職し、現在はYouTuberとしての活動のほか、執筆やセミナー講師なども行う。

資産形成のキホン

2024年3月15日　初版発行

著者／ぽんちよ

印刷所／株式会社クリード

発行・発売／株式会社ビーパブリッシング
〒154-0005 東京都世田谷区三宿2-17-12
tel 080-8120-3434

ISBN 978-4-910837-38-3　C0033